U0045053

古玉匯觀

古玉器鑑定師的收藏寶典

蔡國樑 主編

目錄

自序

　　玉是中華民族獨有的文化，早在三、四千年以前，祖先就已經用玉來製作禮器，用以祭天地、享宗廟、昭禮樂、治軍旅、節行止等等。其他民族尚不知有玉及用玉，大都是從石器時代進入銅器時代後就棄玉石而專攻金屬材料，所以歐美至今尚不知古玉之貴重，更談不上研究有多深入，至於不認同古玉的質變、沁色、轉色等入土所產生的現象也就不足為奇了。

　　西周自武王立國以來，周公制禮作樂，以玉為「明貴賤，辨等列」的禮儀之器，自東周起，周王朝勢力大大衰退，世局成為強凌弱、眾暴寡、禮樂崩、布衣可以卿相的時代，玉器也就由王公貴族階層流入民間，一些小國甚至商賈為求自保紛紛投入玉器製作行列，極盡所能收尋能工巧匠，創造出空前的技藝，將玉雕作品從禮器融入生活、實用的藝術境界，以作為秘密外交的餽贈，直至變成關乎家族存亡甚至是攸關國家興亡的重要因素。

　　中國人的古玉研究工作，從北宋起直至清初，除元代朱德潤的「古玉圖」，是依據實物繪圖外，其餘都是根據典籍來推測古玉形狀，較少談及用途，頂多依典籍加上作者的臆測言詞，很少考證。自清一代至清末，由於乾隆好古玉，一時尉為風氣，所謂：上有好者，下必勝焉，玩玉之風遍及全國，上自宮廷下至文人商賈，只要財力所及，無不收藏賞玩，或作餽贈厚禮。故有幾部著作是依自己收藏，繪圖並加以考訂，由於實物較缺乏及參考資料不足，內容難免有些疏失，但多處所言都是著作者數十年收藏經驗的累積，對後輩初學者立下良好的基礎，並確立一個正確的方向。

　　我對於古玉的收藏、研究已逾四十餘年，始終想寫本書作為自己一生的心得，也算盡一些微薄力量。但坊間有關玉的書籍近年不斷出版，出土報告及研究也更深入，斷代的依據也逐漸明朗化，對於想深入研究古玉之人，卻能達事半功倍的效果。但有關盤玉的知識與出土坑口有著莫大的相互關係，一般書籍鮮少涉及。為了遺補有關玩玉、盤玉、藏玉資料的不足，因此特撰寫這本古玉匯觀，只想將自己的愚見，以粗淺的詞句，貢獻給愛玉的人士，拋磚引玉，引起學界的迴響，能有更進一步的見解，供學者討論。本書內容著重古玉的形制、用途及古玉入土所可能產生的質變、沁色、器表變化以及窖藏、墓葬、祭祀坑的環境對古玉的影響。希望能對古玉研究者有所助益；對於藏玉、玩玉者，書中也有提及如何盤玉，如何藏玉，才不損玉的原貌及玉性，不僅能還原玉的溫潤，更提高古玉的歷史及藝術價值。

　　本書藏品圖錄承蒙各不具名收藏家、古玩商及本會會員吳振仲先生、何滄霄先生、鄭偉華先生、鄭松林先生、廖元滄先生、陳明志先生、林振宇先生、謝傳斌先生等人提供，且大都是購藏者第一手照片，未經清洗、盤玩，保留最原始風貌，在此深表謝意。

　　書中如有錯誤、遺漏、待考證之處必是在所難免，尚乞學者指正補足。

第一章　玉的定義

何謂玉

　　中國自古以來，對「玉」的概念，基本上是廣義的，要瞭解中國玉器，首先要把握住《說文解字》所釋：「玉，石之美者」的精要。尤其二里頭以前的玉器文化，所用材質較廣，包括：岫岩玉、東陵玉、密玉、獨山玉、綠松石、瑪瑙、水晶以及煤精等。自西周以後，我國人對廣義的玉石才有較細的分類，但也是逐步形成的。自漢武帝通西域後，漸漸以新疆白玉為主軸，將其它美石訂以「似玉」或「類玉」等名詞予以區分出來。到了唐宋以後，所謂的「玉」幾乎即指「新疆白玉」而言。

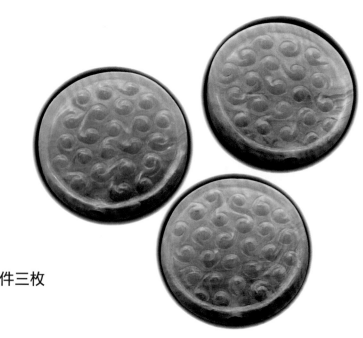

圖 155 / 007
戰國｜瑪瑙穀紋 玉全珮組件三枚
直徑 2.1 公分

　　現今對玉的解釋也有很多，以儀器來測，廣義的說至少有超過二十種以上的礦石或礦物均可稱之為玉的材質，如鈉灰石、鈣長石、白雲石、葉蠟石、瑪瑙、滑石、方解石、透閃石、陽起石、螢石等等，全球各地也都有出產，古人的解釋是「玉，石之美者」，然而美的認同，各有各的見解，所以要想收藏正確的玉，其價值又能在市場立足，必須尋求大家均能接受的解釋。依據國際玉器買賣市場的觀念，「玉」分為真玉、類玉、似玉、次玉及玉石等數種，只有「真玉」才能得到國際玉器市場的認同。

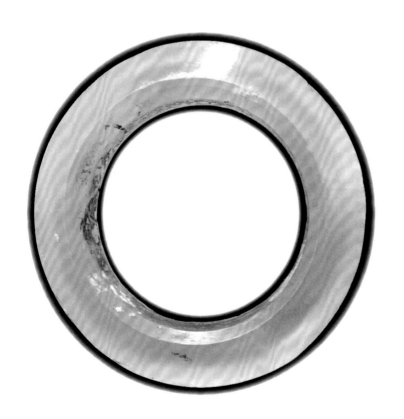

圖 189 / 403
戰國｜瑪瑙環
外徑 4.2 公分

古老的水晶、瑪瑙、綠松石、碧璽、琉璃等都歸屬古玉研究的範疇。

圖 204 / 439
西漢│瑪瑙辟邪獸
高 5.2 公分 長 5.9 公分

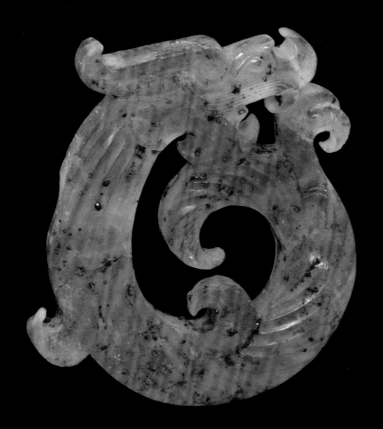

圖 193 / 434
戰國｜水晶咬尾龍
高 5.3 公分

圖 194 / 436
戰國｜綠松石咬尾龍
高 4.5 公分

真玉的定義

　　何謂真玉，簡單的分，真玉只有兩種，一種稱為閃玉，一種稱為輝玉。閃玉就是鈣、鎂矽酸鹽產物，屬角閃石類，為透閃石與陽起石的固熔體。有些閃玉透閃石成份較多，有些閃玉陽起石成份較多，其中陽起石顏色較深，一般由墨綠到蘋果綠色，透閃石的顏色自乳白色到蘋果綠色，個別的物理性質很相近；由於是纖維狀微晶或毛氈狀微晶交織的結構，所以堅硬度及韌性都很高，斷口呈片狀，硬度在 6~6.5 之間，打磨後呈半透明，具有溫潤及蠟狀光澤，產地在新疆崑崙山，俗稱「和闐玉」。

　　輝玉就是鈉、鋁矽酸鹽產物，屬輝石類，產地在緬甸，俗稱「翠玉」或「翡翠」。

　　「和闐玉」的名稱是以玉礦主要產地之一的新疆和闐縣命名，雖然附近的阿爾金山、天山一帶也出產閃玉，但和闐是新疆崑崙山一帶玉石的集散地，又因和闐縣歷史久遠，所以名稱沿用至今。西元 1959 年中國大陸將「和闐」一詞簡化為「和田」。

　　不論是閃玉或是輝玉顏色都有好多種，如何來鑑評價值，必須了解其成色原因，了解成色的因素後，自然知其價值，其價值是只漲不跌，而其價格則依市場供需或炒作而變化。

圖 240 / 142
漢代｜水晶圓雕辟邪獸
長 16 公分 高 12.5 公分

閃玉與輝玉的簡單比較

閃玉的顏色

　　角閃石類為透閃石與陽起石的固熔體，熔體內含有金屬成分，玉質會隨金屬成份的不同及多寡呈現不同顏色，和闐玉的原玉色有白、青、黃、黑(墨)等四種基色，其中還有一些過度的顏色，如青白色、灰白色、青黃色等，這些所呈現不同顏色的原因，取決於玉礦形成時，所含元素與成分多寡而定；如純淨細膩不含任何金屬成分者，白如凝脂的羊脂，俗稱「羊脂白玉」，是和闐玉中的珍品，極為珍貴。如含微量鐵元素，會呈現淡淡的青白色，稱為「青白玉」，如果含鎂成分居多，則呈青色，稱為「青玉」。又如內含三價鐵逐漸增多，則使色調漸漸偏黃，成為「青黃玉」，要完全達到「黃玉」的呈色，實非易事，只能說是「鳳毛麟角」這也就是歷代黃玉存世非常稀少的原因。

　　白玉和青玉的局部，若被褐鐵礦侵入，會形成褐玉，俗稱「糖玉」。白玉和青玉的局部，若被石墨侵入，則依濃度形成灰白玉、灰玉與墨色玉。褐玉或墨色玉常與青白玉共生，藝匠可依玉料顏色不同，設計成品，俗稱「巧雕」或「俏色玉雕」。

　　還有一種玉稱為「墨玉」，其色漆黑，但在強光燈照射下呈現青綠色，不含石墨，內含高濃度的鎂，它是屬於青玉的一種。

※ 另有一種玉產於蛇紋石化超基性岩，碧綠色玉石中帶有黑點，俗稱「碧玉」。

　　以上幾種玉均屬於閃玉，也就是真玉；由於閃玉的毛氈組織結構密實，韌性極佳，使和闐玉的韌性僅次於世界韌性最大的黑金剛石，排居世界第二大韌性的礦石，以至於雕琢時較不易脆裂，而能在二、三千年前即有鬼斧神工般的治玉工藝。

輝玉的顏色

　　輝玉就是鈉、鋁矽酸鹽產物，屬輝石類，產地在緬甸。玉質也會隨金屬成分的不同及多寡呈現不同顏色，如含不同的鐵金屬，而呈赭紅、褐紅、褐黃等色，俗稱「紅翡」，紅翡的顏色一般是赤鐵礦浸染而成，屬次生形成的顏色；若含微量的鉻且均勻分布，則呈美麗的翠綠，俗稱「翠玉」，如果含鉻金屬集中在一點，就會形成深綠色的黑團或黑斑。紅翡與翠綠的輝玉，又別名為翡翠。翠玉以含水份較多、顏色均勻一致、無雜質且透光度良好的玉質最佳。翡翠與翠玉由於顏色嬌嫩、翠綠，在清末甚獲慈禧太后喜愛，很快的博得達官貴人，宮妃佳麗的歡心，翡翠首飾逐漸替代了傳統的鈿翠、碧玉首飾。

　　　　閃玉與輝玉都是屬於半寶石類礦物，曾有一段時間，碧玉與翠玉是不分的，甚至畫上等號。自十九世紀中葉法國地質學家德穆爾將翡翠與和闐玉區分為輝玉與閃玉，由於翡翠硬度較高（約 7 度），為了方便分別起見，就將輝玉稱為硬玉，閃玉稱為軟玉（約 6.5 度）。

何謂古玉

知道真玉的定義後再來瞭解何謂古玉就容易多了。

所謂古玉一般有兩種說法，依博物館及古玩老行家的分法是秦漢以前的玉器，不論是出土或是傳世玉器才能列入古玉範圍，包含的年代有文化期（含紅山、良渚、齊家、薛家崗、二里頭、二里岡文化）、夏、商、周（謂之老三代）、春秋、戰國、秦、漢等。魏晉六朝的玉器只是延續東漢遺風，不僅沒有創作及特色，連工藝也沒落許多。至於唐宋以後的玉器，則多屬仿漢、仿戰國風格，當然也有仿商、周及文化期的禮器，其刀工毫無古樸感，故均非老古玩藏家所鍾屬的古玉器。

另一種就是近代的分法，凡達百年以上的玉雕作品，統稱「古玉」。漢代以前的古玉則稱「高古玉器」，這種分法是配合古玉市場的需求，漸漸形成的，原因是漢以前的高古玉器極少流通市面，當時能收到一件宋仿漢的玉珮就屬難能可貴了，於是古玉商為擴大市場需求，將清代（含清代）以前的老玉都稱為「古玉」。將有沁色的說成高古玉器，無沁色的說成明清玉器。

古玉收藏家只要知道上項的說法即可，無須計較於高古年代的分類，但對年代的分野要嚴謹，對斷代的知識要精益求精。對紋飾的辨別或仿製要有一套判定標準，所以不論是宋仿戰國或是明仿漢的玉器，只要一上手，都要有一覽即能辨別的功力。

戰國時期玉雕技藝是任何朝代都望塵莫及的，所以才有「昆吾刀」的流言。自西漢中後期推行薄葬起，繁複的紋飾及琢工不再興盛，玉雕技術也逐漸沒落，以化繁為簡的漢八刀型態出現，至東漢晚期佛教自印度傳入中國，終使玉器逐漸走出宮庭及上層社會炫富與藝術焦點。宋以後金石學興起，仿古、好古之風盛行，以致於仿戰國、仿漢代玉器又重新獲得執政者的喜好，所謂：「上有好者，下必甚焉」。於是玉又重新流行於上層社會，所不同的是，它不再以禮器的形態出現，而是以裝飾藝術化、世俗化作為餽贈、彰顯身分、崇富或附庸風雅等姿態呈現在歷史舞台。

　　近來有些「專家」教人鑑玉的方法是從陰線的溝槽形狀來判定是否為古玉，因為古代是用砣具來雕琢紋飾，所以砣具經過的陰線溝槽應呈V字型。但實際上如果用 40 倍放大鏡觀察古玉，會發現其陰線的溝槽底端都呈 U 字型，所以高古玉器及乾隆玉雕等精品的溝槽是無法單以 U、V 字型辨別的。

　　高古玉器的陰線雕琢工藝技術，除用砣具外還用燧石作初步打稿，或用某種動物尖銳的犬齒（或利齒）刻劃，再以石攻石，以玉攻玉的原理琢磨，最後甚至用獸皮拋光，以致溝槽並無明顯的砣具走痕，即使使用 50 倍以上的顯微鏡觀察，也難比對一、二。如良渚文化的陰線紋飾、西周的大斜刀、戰國的游絲紋、東漢的漢八刀以及乾隆時代的小件玉雕精品、配飾均屬之。

　　嚴格說來，目前發掘的墓葬及遺址、窖藏，均未發現有漢代以前的玉器作坊，故無從得知漢以前究竟用何工具來雕琢玉器，僅從文獻及出土資料得知，魏晉以後才使用砣具。

圖 085 / 371
商代│白玉圓雕鵪鶉
高 6.6 公分 長 7.1 公分
有些玉商會將無沁色的
古玉說成明清玉器

琢玉工具與方法

　　玉不琢，不成器，這是千古流傳的話，這裡的玉指的是新疆及昆崙山所產的玉，硬度達 6~6.5 度，有的甚至達到 6.9 度，接近硬玉的硬度，一般金屬工具無法切割、雕刻，所以古代治玉都以琢磨方式進行，不論切割、鏤雕、研磨、鑽孔、掏膛等工藝，都離不開解玉砂，解玉砂就是俗稱的金剛砂，硬度達 9 度以上，用來作為治玉的輔助劑，使用時需酌加濕潤，以便易於附著在工具上，如：砂岩片、燧石片、麻繩、竹索、鯊魚牙等等。

　　古代有關治玉的工具與設備介紹，最早要算是〈周禮〉的《考工記》，探其內容缺乏治玉工具。直到明末宋應星的《天工開物》一書中才有了些介紹，較為詳盡的，要推清末李澄瀟所著的《玉作圖說》，將製玉分為十三個步驟，共十三章，從第一章搗砂起，依序為研漿、開玉、札玉、衝碢、磨碢、掏膛、上花、打鑽、透花、打眼、木碢、皮碢等，詳實記載治玉的過程，雖是清晚期的治玉方式，但一般都認為此種方式，可追溯至漢唐時期，至於戰國以前的治玉工法目前仍未能全面瞭解，我們僅能從近幾年田野考古資料的陸續出土，並對照博物館的收藏品，以邏輯思維考證一二。

　　無論任何工藝技術，其演進的過程，不外乎：繼承前期，融合發展，獨立創新三個過程，玉雕工藝也是如此。如戰國早期的玉雕工藝沿襲春秋，到了中期時將春秋及西周的工藝，與當時政治背景及生活風俗融合發展，並於戰國晚期創造出風格獨特、紋飾精美的玉器，並一直影響到宋、元、明、清各朝各代，所以能熟悉各朝的治玉特點，對鑑定古玉不失為一良好的支力點。

　　茲將古代治玉的工法概述於后：

一、切割

所謂切割即使用砂岩或燧石製成的片狀工具或麻繩、竹索、蔓藤等軟質工具，單向或往復雙向多角度帶動解玉砂間接對玉材進行加工，此種工法因使用工具不同又可分為線性切割、片狀切割、砣具切割三種。如遇較大玉材，可能需進行數月才能完成切割程序。

（1）線性切割：切割痕跡有數道類同心圓拋物線。

（2）片狀切割：切割痕跡有數道平行線凸脊。

（3）砣具切割：切割痕跡有數道弧形線痕，但無拋物線痕跡。

以上三種切割方式，如果經過精細的打磨、拋光處理，表面晶狀凸點或凸脊、平行線、弧形線痕等則可以被處理得光滑平淨。

二、鑽孔

鑽孔因使用的工具不同可分為管鑽、桯鑽、掏挖三種。

（1）管鑽是使用竹管、骨管、銅管、鐵管等空心工具，套上弓弦工具帶動解玉砂往復加工。

（2）桯鑽是使用竹材、木材、石材或銅、鐵金屬等實心工具帶動解玉砂往復加工。

（3）掏挖又稱掏攪，使用石英、燧石黑曜石等石材製成的尖銳實心工具，不加解玉砂，直接掏攪成孔。

三、推蹭

所謂推蹭係使用鯊魚牙或石英、燧石、黑曜石等石材當工具，利用工具的銳角或刃部，以單點或多點刻劃的方式〈有角度〉，不加解玉砂，直接對玉料進行加工，此種工法可見於良渚文化玉琮的紋飾。

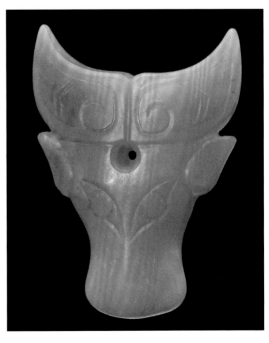

圖 080 / 318
商代｜黃玉牛首飾
高 5.5 公分

四、研磨

研磨即是使用砂岩或頁岩等硬質工具或用木頭、竹片等較軟工具，以平面接觸的方式，加解玉砂間接對玉材進行加工，此種工法多使用在切割後之玉料，其功能是使的玉表面達到平整，以便能夠順利進行下一工序。

五、輾鉈

所謂鉈，係由厚薄不同的圓片〈圓片材質有石質、玉質、銅質、鐵質等〉與中心軸組成，可單向或雙向往復轉動，借轉動時帶動解玉砂間接對玉材進行加工，據保守推斷此種工法，多使用在戰國以後。

六、拋磨

拋磨即使用細晶質礦物，帶動解玉砂對玉器粗糙面進行加工。由於使用不同的工具及解玉砂顆粒大小，依工序可分為粗磨、中磨、細磨三種，此種工法一直沿用至今。

七、拋光

所謂拋光顧名思義就是玉器細磨完工後，再使用獸皮、樹皮、麻布、絹絲等材質，配合工具帶動拋光粉，對玉器表面進行加工，使其產生表面光澤，一般拋光愈久所產生的光澤就愈強，此一工序自文化期就已使用。

以上七種治玉工法，除推蹭不加解玉砂外其餘均需加解玉砂，我們可以從解玉砂進行加工的方向，用 60~100 倍放大鏡觀察加工時留下的痕跡，如線性工具切割後會留下拋物線痕跡，片狀切割後會留有數道平行線凸脊。鑽孔的孔壁散佈著非同一平面的類平行管旋痕跡（如果管旋痕都是平行線痕跡很可能就是現代機器工具造成的），如果玉器較厚需從兩面對鑽，此時會留有對鑽的錯痕，此種錯痕稱為「台階痕」或「台痕」。

拋磨包含粗磨、中磨、細磨，也就是說表面光滑度有粗、中、細三種。拋磨後需再經拋光處理，經拋光工藝後的玉器具有光澤，一般是看不出有加工痕跡，也就是說拋光特徵就是光澤度的強弱，此種工藝以戰國最具代表。另明代玉器拋光的特徵是未經過良好的細磨就進行拋光處理，以至於玉器表面具有很強的光澤，但光澤下面卻不平整。

圖表參考

名　　　稱	碧　玉	翠　玉
英文名稱	Nephrite	Jadeite
色澤	綠色或深綠色有黑點。	淡綠至深綠色，顏色不勻。
化學組成	鈣、鎂矽酸鹽產物，屬角閃石類	鈉、鋁矽酸鹽產物，屬輝石類
硬度	5 ~ 7	6.5 - 7
比重	2.9 - 3.0	3.2 - 3.4
折光率	1.62	1.67
密度 g/cm	2.95	3.34
光澤	蠟狀光澤	玻璃光澤

礦物種類	成　份	比　重	硬　度	備　考
透閃石	$Ca_2Mg_5[Si8O_{22}](OH)_2$	2.9	5.5 ~ 7	有些結構較佳的和闐玉，其硬度超過7度以上，甚至有些閃玉比輝玉還硬。
陽起石	$Ca_2(Mg,Fe)_5[Si_8O_{22}](OH)_2$	3.0 ~ 3.1	6 ~ 7	
鐵陽起石	$Ca_2Fe_5[Si_8O_{22}](OH)_2$	3.0 ~ 3.2	6 ~ 7	
鈉輝石	$NaAl[Si_2O_6]$	3.3 ~ 3.5	6.5 ~ 7	

第二章　古玉沁色的巧妙成因

　　「沁」這個字有滲入、侵入的意思，所謂沁色，是指玉器深埋地下，經年累月受到地裡環境的影響，對玉的表面及內部所產生的變化，一般會受不同金屬元素或分子侵入，而留下不同顏色的痕跡，如氧化鐵會呈褐色、褐紅色、錳會呈紫色或淡紫色、銅會呈深淺不同的綠色，這些不同金屬元素或分子使玉生成不同的附加色澤，我們稱之為「沁色」。

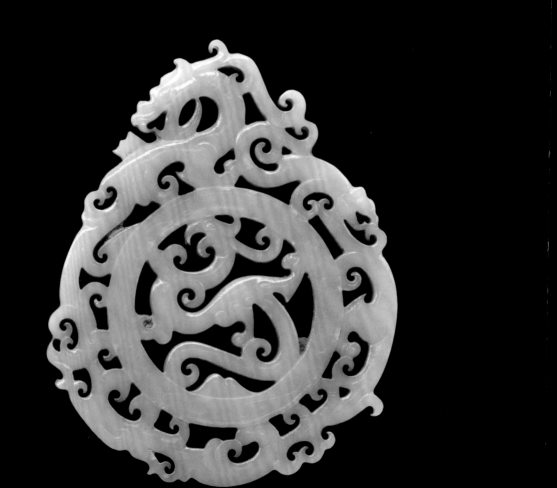

　　另外墓室裡如果石灰質較高呈乾燥鹼性氣氛，往往玉表局部或全部
會呈白色、灰白色，嚴重的還會脫皮，這種現象稱為「石灰蝕」，較常
出現於北方乾燥的大墓及南方的良渚文化。有這種「石灰蝕」的生坑古
玉千萬不能水洗，更不能泡水，否則吸足了水份會呈軟泥現象。

圖 221 ／ 175
西漢｜青黃玉 S 形辟邪獸
長 8 公分 高 3.3 公分
可參考北京故宮博物院收藏漢
代玉辟邪
青黃色玉質的古玉受到鐵沁通
常會呈深淺不同的褐紅色

圖 233 ／ 396
西漢｜
白玉透雕龍鳳紋出廓璧
高 9.9 公分 橫寬 8 公分

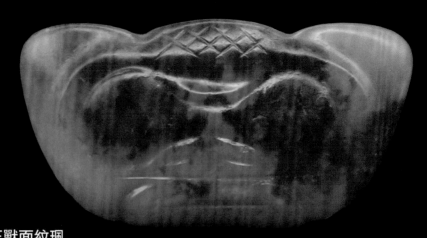

圖 009 / 062
紅山文化｜青黃玉獸面紋珮
高 4 公分　橫寬 7.5 公分
白玉受紅土沁

圖 019 / 187
紅山文化｜白玉豬龍玦
高 10 公分　橫寬 7 公分
白玉受紅土鐵沁

圖 183 / 265
戰國｜白玉水銀(鐵)沁變形雲紋瑁
高 2.7 公分
未受沁的部份為白玉質

圖 212 / 090
西漢｜白玉水銀沁辟邪獸
長 3.5 公分 橫寬 9.9 公分 深 4.9 公分
背部受大坑水銀帶動多種金屬沁入

玉可能埋藏的方式

　　首先要知道玉器深埋地下所可能受到的環境，瞭解地下環境才能體會沁色是如何形成的，知道沁色如何形成對古玉的鑑定有莫大助益。玉器深埋地下一般有三種情況：一是墓葬，二是窖藏，三是祭祀風俗；其環境又分乾坑、水坑、濕坑、岩坑、火坑、砂水坑、鹼土坑等七種。不同的坑口，對相同及不同玉質的玉器會有不同的沁色。也就是說受沁的顏色及嚴重性係決定於坑口的性質及玉質的密度。

圖 165 / 111
戰國｜白玉圓雕龍首鹿角珮飾
長 7.1 公分
鐵沁

圖 124 / 277
西周｜半圓雕虎形珮
長 8.5 公分
鐵沁

一、墓葬

　　就是在地下蓋一棟房子，把棺木及陪葬物品放在棺廓內再置入房子，最後將房子密封起來，有的房子規模大如宮殿、宮室，也有小規模的石室，不論大小，其陪葬玉器都不是直接放在地上與泥土接觸，而是放在石桌、石案上或陶甕裡，有的放在棺廓內，或用絲或麻線固定於棺木外，依當時墓葬禮儀制度及風俗習慣而定。

　　此種墓葬環境會受地震、土掩、水澇等天然災害而改變環境對玉器的影響，諸如：地震會破壞石室使石桌、石案上的陪葬品掉落，陶甕會破裂，土掩會使陪葬品埋入土裡，水澇使陪葬品浸泡在水裡等等，使原本不易受沁的環境改變成容易受沁的環境。

　　墓葬的玉器除明器（如金縷玉衣、九竅玉、滑石璧、玉璧、幎目玉等）外大都是墓主人生前所喜愛或佩戴的玉器，有時也會有一些祭祀用的玉禮器，如玉琮、玉鼎、玉簋、玉爵、玉觥、玉辟邪、玉飛馬等等，而明器一般較易受沁，這是因為明器的玉質不如珮玉及禮儀玉器的關係。

圖 099 / 344
商晚期至西周早期｜
白玉鳥紋虎耳圈足簋
高 8.3 公分 口徑 10.2 公分
墓葬的玉器除明器外，也
會有一些祭祀用的精美玉

二、窖藏

當戰爭及災難發生時，顯貴的君主、王侯，為避戰禍會覓一隱密之地，並在地下以石材、木材建一座堅固而簡單的石室，專門存放當時高價值的貴重物品，目的是避免戰亂時被掠奪或逃亡時不易攜帶，待戰亂平息後再設法取回，據以復國及重整家園。當時地窖興建後為避免盜劫，所以參與地窖工程的奴工、家臣均遭滅口，也有許多王侯逃亡時客死異鄉，以致窖藏地點無人知曉，千百年後農民汲水灌溉或各種工程興建，才使窖藏意外重現天日。所以窖藏被盜掘的機率遠低於墓葬，出土文物也較完整，但因環境變遷所受到的影響則是一樣的。

窖藏玉器大都是精美的陳列品或肖生玉器，也有不少是奴隸主生前所喜好把玩或配戴的，如：玉璧、玉全珮、玉璜、玉繫璧、玉環、玉卮、玉瓏、四靈獸等，也有為數不少的大件禮器及陳設器如：玉鼎、玉圭、大璧、玉琮、玉爵、玉觥等等，這類窖藏多出現於春秋、戰國、五代，少出現於遼、金、元時期。

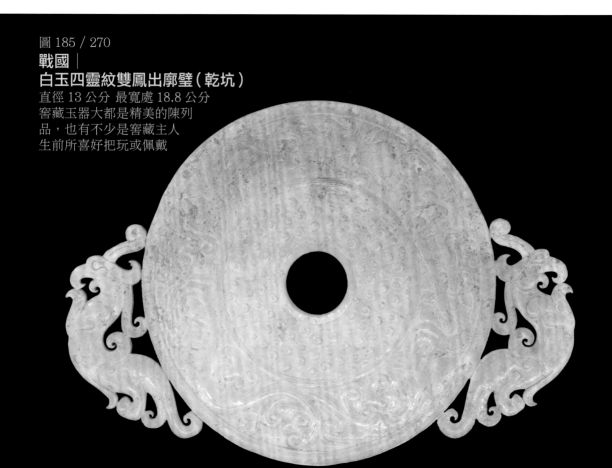

圖 185 / 270
戰國 |
白玉四靈紋雙鳳出廓璧（乾坑）
直徑 13 公分 最寬處 18.8 公分
窖藏玉器大都是精美的陳列
品，也有不少是窖藏主人
生前所喜好把玩或佩戴

三、祭祀風俗

　　中國以農立國屬多神教民族，祭祀活動頻仍又注重禮器，舉凡祭天、祭地、祭日、祭月、祭江河、祭火神等，祭祀日期大都是固定的，有數年舉辦一次，也有每年舉辦數次，待祭祀禮儀結束後會將獻祭禮器挖坑掩埋，或投入江河，一般稱之為祭祀坑。

　　祭祀規模愈大所用禮器種類、數量就愈多，諸如玉器、金銀器、青銅器、象牙、牲口、絲帛等。玉器一般是必備的（視時代背景及禮儀制度而定）。

　　此種祭祀坑用玉以廣漢三星堆為代表。

圖 159 / 040
戰國│青白玉雙龍紋大珮
高 6.7 公分 橫寬 14.5 公分
玉珮被鐵鏽附著不易刮除

坑口的環境

不論是墓葬、窖藏或是祭祀風俗而埋入土裡的玉器，其環境大都屬於下列七種：乾坑、水坑、濕坑、岩坑、火坑、砂水坑、鹼土坑等，茲略述這幾種環境對玉器的影響。

一、火坑

指坑口溫度異常偏高，濕度又小，水份蒸發很快，地理位置大都在偏北方的乾土地區，如陝甘、新疆、西藏或黃土高原。

坑口受地熱等自然環境影響，持續乾燥高溫，並受地壓的關係，玉器會因乾燥脫水使內部產生質變或出現裂痕，最後終致白化、枯槁、朽爛。所以我們會看到有些出土玉器表面乾澀而內裡局部有一點一點類似白花現象（與飯糝不同），這是玉器從脫水到質變的初始階段。

圖 045 / 013
良渚文化｜獸面紋管瑬
高 3.2 公分

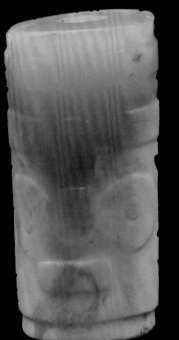

有時也會看到雞骨白的玉器，這是玉器已到了完全白化階段，也就是質變後期，完全白化的古玉出土時的硬度很低，用指甲摳會很輕易摳下一小片，甚至用較硬的毛刷也會刷破表面，這類的出土古玉要特別小心處理才是。

圖 203 / 087
西漢早期｜白玉鷹熊（英雄）
高 9 公分
火坑

圖 188 / 389
戰國｜鉤連雲紋筒形器（髮飾）
高 6 公分　外徑 5.7 公分
火坑

二、水坑

　　指坑口經年累月都積滿了水，或有地下水流動，千年不斷，換句話說，玉器泡在水裡達數千數百年。

　　地理位置屬鄰近有湖泊的窖藏或墓葬坑，如湖南、湖北地區的雲夢大澤區域。

　　水坑環境又可分為「活水坑」與「死水坑」。

圖 226 / 343
西漢│白玉穿雲螭龍紋出廓璧
全高 13.7 公分
水坑

（1）活水坑

　　坑內的水經年流動，水會夾帶金屬、礦物等元素（以鐵元素較為普遍），從玉質較疏鬆的位置（毛細孔）侵入，當金屬礦物隨水侵入玉裡再流出時，少部份會殘留下來，經年累月後不同的金屬礦物會留下不同的沁色，所以古玉沁色凡十三彩以上。又如果水質較乾淨，玉質密度也很高，不易受異物侵入，反而將玉表面的雜質沖刷得異常乾淨，露出晶瑩剔透的玉質，這就是難能可貴的「水玉」俗稱「澄水玉」。

圖 190／408
戰國｜白玉魚尾龍珮飾
高 5.4 公分　長 10 公分
水坑
質晶瑩剔透，玉表面被沖刷得異常乾淨，這就是所稱的「澄水玉」

（2）死水坑

如果坑口是死水，又可分為「清水坑」與「濁水坑」。

清水坑雖然是死水但水會慢慢滲出坑口，清水也會慢慢流入，使坑口保持一定水位，這裡的玉器，水頭飽滿，玉質明澈清亮，一如「澄水玉」。

圖 235 / 410
西漢｜白玉透雕龍紋出廓璧
外徑 9.5 公分 高 12.3 公分
清水坑

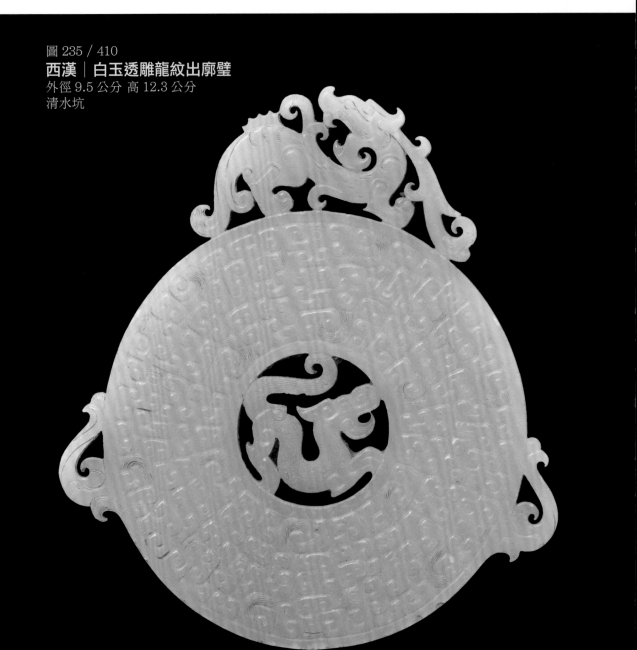

　　如果是濁水坑，就要視水質酸鹼質的多寡，酸鹼質水也會對玉產生不同的侵蝕，這種水蝕與土蝕所不同的是：受水蝕的玉表，被侵蝕的很均勻，而土蝕的玉表一般都不規則，呈現斑斑駁駁的現象。

圖 205 / 267
西漢早期｜黃玉淺浮雕四靈紋琮
高 6.5 公分
濁水坑

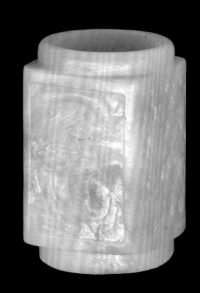

圖 236 / 411
西漢｜白玉四靈紋出廓璧
外徑 12.6 公分　高 17.3 公分
濕坑局部受土沁

三、濕坑

指坑口終年保持一定的潮濕，且濕度非常大，暴雨時呈水坑，水退後成濕坑，這種濕坑環境又可分為「高溫濕坑」與「常溫濕坑」。

高溫濕坑的位置可能接近有地熱通過的地帶，有時高溫濕坑與常溫濕坑同屬一坑，也就是說，同一濕坑，有一半或局部是高溫，另一半或局部是常溫，也有一種坑口，有時是高溫，有時是常溫。這種濕坑的地理位置較廣，嶺南閩、粵地區都有這類坑口。

由於高溫濕坑常伴隨著地壓出現，所以高溫濕坑對玉沁的影響較大，尤其是墓葬環境，漢以前的大墓隨葬有大量的水銀、石灰、木炭，陪葬品有青銅器、鐵器、金銀器、漆器、玉器等等，金屬陪葬品在潮濕環境容易氧化、鏽蝕，氧化後的金屬元素於高溫時藉水銀為媒介侵入玉裡，時間久了，受沁的顏色也多了，古玉的漆黑水銀沁與十三彩就是這樣形成的。

圖 214 / 120
西漢｜青黃玉仙獸賀壽鐲
直徑 7.5 公分 內徑 6.1 公分
濕坑

圖 237 / 412
西漢｜青白玉辟邪獸
高 6.8 公分 長 9 公分
濕坑

四、岩坑

　　指窖藏或墓葬建於岩洞內，或在山中開石鑿壁，或藉山洞鑿岩壁為石室，地理位置不分區域，只要是岩石結構的山脈或丘陵地，均有建造，如徐州獅子山楚王陵、山東臨沂縣漢墓區，這裡的墓主一般位階都不低，有的是王侯、上將軍階層。

　　由於是岩石結構，墓室相當堅固，玉器等陪葬品保存也相當完整。岩坑環境大都較潮濕，雖然地下水含石灰質很重，玉器並未泡在水裡，所以對玉器影響與水坑環境是不一樣的，反而潮濕空氣，使玉器保有豐富的含水量。

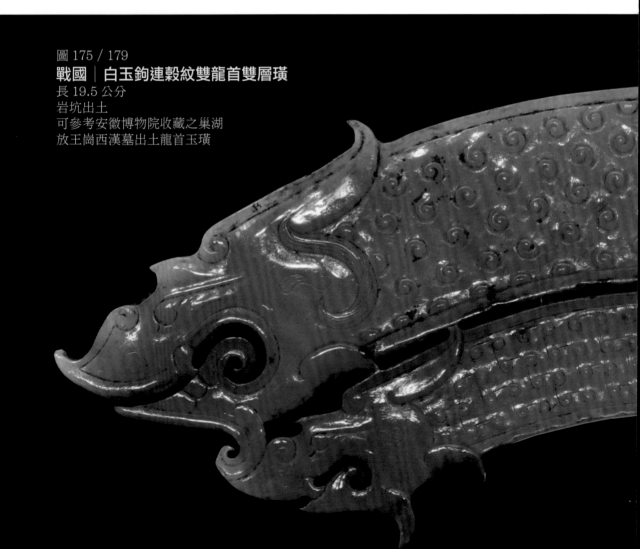

圖 175 / 179

戰國｜白玉鉤連穀紋雙龍首雙層璜

長 19.5 公分
岩坑出土
可參考安徽博物院收藏之巢湖
放王崗西漢墓出土龍首玉璜

　　由於各玉器的質密度不同以及所存放、出土的位置不同，所以從岩坑出土的玉器，有些是光亮如新的玉器，也有不少是帶玻璃光的精美玉器，也有表面含石灰質的灰皮玻璃光玉器，也有如砂水坑般出土時局部蛀蝕的玉器，也有一小部分表面有局部白化的玉器，這是因為所放位置受臨近類似乾坑或火坑等環境因素造成。總之，各種不同環境的坑口，對不同質密度玉器會產生許許多多我們無法想像的沁色與質變。

五、乾坑

　　指坑口異常乾燥，水份蒸發很快，地理位置大都偏西北方，如甘肅、陝西、河南、西藏等地區。

　　坑口受墓葬石灰及自然環境影響，終年乾燥有時日夜溫差很大，玉器會像火坑因乾燥脫水使內部產生質變或出現裂隙，所不同的是溫度沒有火坑高，故變化較火坑緩慢許多，白化現象較少見。

　　有些乾坑墓或窖藏因保持完好，長期與外界隔絕，加上有機物的變化使得一些玉器保有良好的玻璃光，如黃腸題湊墓屬之。

圖 079 / 286
商代｜白玉坐熊
高 7.8 公分
乾坑

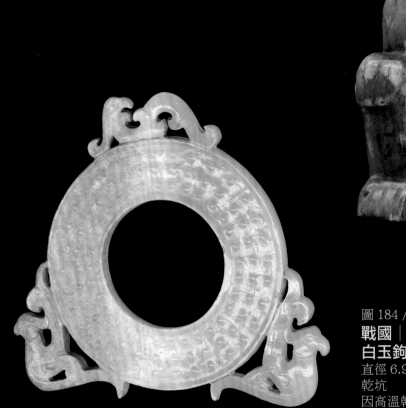

圖 184 / 269
戰國｜
白玉鉤連雲紋三鳳出廓璧
直徑 6.9 公分
乾坑
因高溫乾燥脫水使局部產生質變

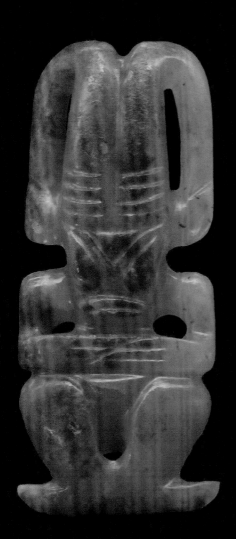

圖 008/ 061
紅山文化｜白玉太陽神
高 8.3 公分　橫寬 3.5 公分　厚 1.4 公分
乾坑，帶皮沁

圖 028 / 298
紅山文化｜黃玉豬龍玦
高 7.6 公分
乾坑

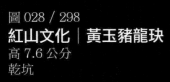

六、砂水坑

指坑口已被砂土侵入，玉器及陪葬物大都埋入沙裡。地理位置大都偏東南及南方諸省，如閩粵地區。

坑口被砂石侵入，由於砂石含鹼性較重，所以侵蝕力也較一般土壤強，出土玉器表面大都呈蛀孔狀痕跡，因為是長時間緩慢侵蝕，所以蛀孔的孔洞是表面小而裡面大，只要用 10~20 倍放大鏡觀察就很容易瞭解，我們觀察一件砂水坑玉器時，至少要局部有前述的蛀洞情況才是真品，否則可能是用強酸蝕製的贗品。

圖 241 / 302
漢代｜白玉天祿（鹿）獸
高 3.1 公分 長 5.5 公分
鹼性砂水坑

圖 238 / 300
西漢｜白玉玄武
高 6.5 公分 長 10.4 公分
砂水坑

七、鹼土坑

　　指坑口地區的土壤含鹼性很重，玉器及陪葬物，如埋入土裡，易受土蝕，　地理位置大都屬東南沿海及內陸富含鹽（大部份是岩鹽）份的地區。

　　窖藏或墓葬受天災及自然環境的破壞，坑口被土壤侵入，玉器及陪葬物受物理與化學變化，很容易受鹼性土壤夾帶金屬等礦物侵蝕，受侵蝕的玉器與砂水坑不同，砂水坑的玉器局部有蛀孔，且表面較乾淨，而受鹼土侵蝕的玉器，表面呈塊狀或片狀的蝕入痕，且附著很多不明的衍生物，感覺髒髒的不易洗乾淨。這類玉器除供博物館典藏及教學外，一般不受藏家青睞。

圖 174 / 168
戰國｜白玉龍首紋四獸出廓同心雙層璧
直徑 12 公分　厚 0.5 公分
局部受鹼土中酸鹼質沁蝕

　　曾見一件漢代劍珌，器形如梯形，主面浮雕一隻奮力攀爬的蟠螭虎，另一面飾鉤連雲紋，鉤連之陰線，細如髮絲，是一件標準的漢器。雖然已被主人盤出寶光，但在寶光之下，卻是白化現象，且有多處零星呈現砂水坑沁蝕，僅有螭虎頭部開窗處辨出是白玉質。此類沁蝕現象為：坑口原是砂水坑，後來逐漸形成乾坑，又從乾坑轉成火坑，而且瞬間溫度不低。但高溫持續的時間並不長（可能不超過兩百年），以後便漸漸形成乾坑。遭逢這種坑口的玉器出土是非常少見的，如屬完整的器形則更稀有。

　　以上所說的火坑、乾坑、濕坑、砂水坑的玉器沁色，大都是直接接觸到陵墓或窖藏或祭祀坑內的土壤所受到的侵蝕，也有不少的古玉在坑內並未直接接觸到泥土，又何來沁色，究其原因是陵墓及窖藏的環境如未遭受到自然及人為的破壞，千百年來坑內會受到土中酸鹼值的蒸發而瀰漫於整個墓室空間，玉器也會受到這種氣氛而表面多會產生或多或少的變化，最常見的就是灰皮或玻璃光帶灰皮這一類的古玉表面現象。

　　目前出土的古玉，不論是墓葬、窖藏或祭祀坑，其地下環境大都屬以上七種坑口，當然也有特例的，因為坑口不是一直維持不變，就如前面談到的濕坑有時會變成水坑，而砂水坑也會變成水坑或火坑，水坑也會變成濕坑，火坑變成乾坑，或鹼土坑變成鹼性半水坑，更有岩坑與乾坑夾雜一起的，諸如此類種種變化對玉器的影響都很大，也都要待我們一一去瞭解。

圖 213 / 116
西漢｜白玉兩次出土浮雕螭龍紋劍珌
長 5 公分 高 3.5 公分
先砂水坑後再火坑

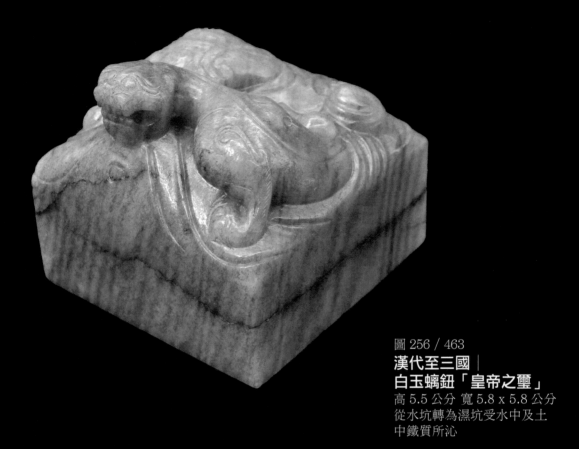

圖 256 / 463
漢代至三國｜
白玉螭鈕「皇帝之璽」
高 5.5 公分 寬 5.8 x 5.8 公分
從水坑轉為濕坑受水中及土
中鐵質所沁

圖 169 / 140
戰國至西漢｜黃玉素面羽觴杯
長 10.8 公分 高 2.4 公分
乾坑後期

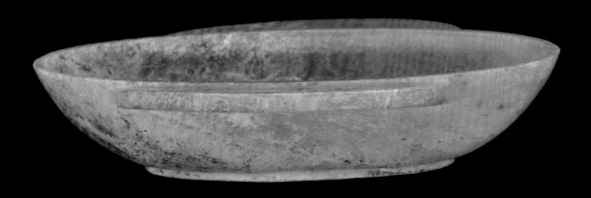

圖 126 / 333
西周｜白玉水銀沁雙龍紋環
直徑 9 公分

受色沁的古玉名稱

　　凡古玉出土，受色沁的品類繁多，一如《古玉辨》所說：有不受沁的，也有不受土蝕的，有的出土像似傳世品，這都是較珍稀且玉質較堅硬的古玉。有的出土時全器佈滿土銹且無任何色沁，受一種顏色的沁曰「純一不雜」，受到兩種顏色的沁曰「天玄地黃」，受到三種顏色的沁曰「三元及第」，受到四種顏色的沁曰「四維生輝」，又名「福祿壽喜」，受到五種顏色的沁曰「五星聚魁」，又名「五福呈祥」，受到六種以上顏色沁的玉稱為「群仙賀壽」，又名「萬福攸同」，統稱「混五彩」。

　　古玉因受沁的顏色有各種不同的名稱，依《古玉辨》所述，老玩家認為：
色如甘栗，稱為「玕黃」，是受黃土所沁；
色如蜜蠟，稱「老玕黃」是受松香所沁；
色如天青，稱「玕青」是受到靛青所沁；
色紅艷碧桃，稱「孩兒面」，是受到石灰輕微沁入，復原時，有如「碧璽」；
呈色漆黑，稱「黑漆古」， 是受到水銀長期沁入；
色如翠石，稱「鸚哥羽」，則是受到青銅器銅綠銹所沁，復原時，比翠石更為嬌潤，但不能用熱水浸泡，否則會釋放銅臭味。

　　這些種種受沁的古玉，古人大都是以顏色來推斷是受何種物質所沁，如沁色鮮紅的則稱「血沁」，但血流出凝固成褐黑色或黑紅色，且比重低不可能沁入玉裡，又有人說是硃砂沁，硃砂比重雖大但容易流散，沁入玉裡並非易事，只有少數的玉質與特殊的埋藏環境，才能局部入沁。

　　但目前可證明銅器與玉器埋藏同一坑口，那銅銹的青綠色會滲透進玉器，形成翠石般色澤，這種玉器出土後，經人盤玩後其色比翠玉更加嬌潤。

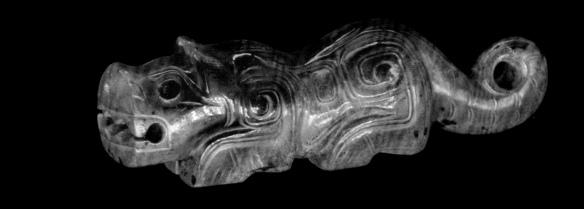

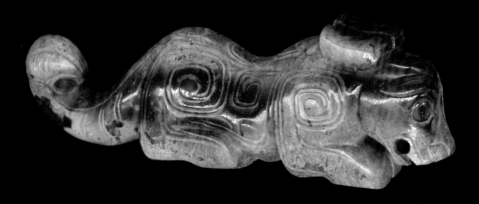

圖 078 / 273
商代｜黃玉圓雕雌雄虎一對
長 8.7 公分
大紅色鐵沁俗稱「老土大紅」

圖 065 / 067
商代｜白玉虎
長 8.9 公分
橫寬 2.2 公分
高 3.1 公分
鐵沁生成的紅褐色

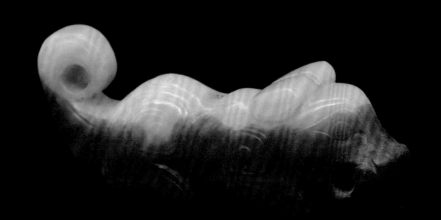

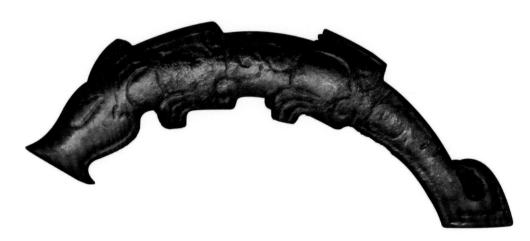

圖 108 / 080
西周｜白玉夔龍
長 7.7 公分 寬 1.4 公分
厚 0.5 公分

圖 073 / 075
商代｜白玉熊
高 3.9 公分 橫寬 2.9 公分

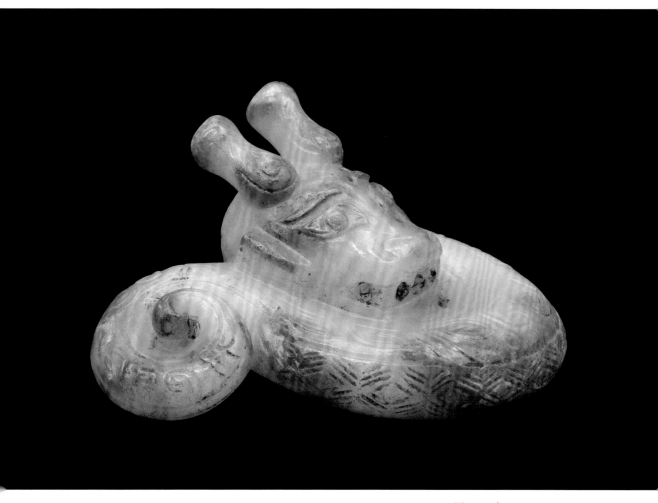

圖 088 / 377
商代｜黃玉圓雕蟠龍
高 4 公分　底寬 8.6 公分
受黃土所沁，色如蜜蠟，
稱「老珀黃」

圖 262 / 440
唐代
白玉釘金沁走龍紋髮束
高 3.2 公分

　　所以無論是何種沁色，必以水銀為媒介，水銀有地下水銀及大坑水銀，出土古玉所說的水銀沁多屬墓葬裡的大坑水銀。水銀比重高，可由地下水銀帶進多種金屬礦物質，從玉表較鬆的毛細孔滲入玉裡，順著玉的紋理再從另一端流出，殘留在玉裡的金屬礦物質，經年累月堆積所產生的變化，出土後又與空氣、紫外線、水氣接觸，慢慢氧化而生成不同的顏色，這種顏色就是沁色生成的原因。

　　沁色會隨出土後氧化的時間而改變，如果是土沁或鐵沁就會轉呈深淺不同的褐色，這就是我們常感覺到古玉為何會轉色的原因。

　　另外，在古玉界裡有一種稱為「釘金沁」，這種沁是指玉受土中酸鹼質侵蝕，致使玉的表面有小片狀的凹陷，其中並夾有牛毛紋，受此種沁的古玉並不多見，可能是玉質與坑口相互作用形成的。

圖 163 / 093
戰國｜白玉穀紋 S 龍鳳珮
長 10.7 公分　寬 5.3 公分
邊緣受到地下水銀帶進多
種金屬礦物質滲入玉裡

圖 258 / 303
宋代｜白玉血沁瑞獸
長 6.2 公分　高 3.8 公分
古時所謂的血沁就是土中氧
化鐵所造成的褐紅色絲痕

玉的質變

　　前面說到質變一詞，所謂玉的質變，是指有些玉材硬度較堅，密度也很高，當時治玉的玉工拋光又很精細，所以入土不易受沁，但會受地熱、地壓等作用而改變其分子結構，這種變化是在某種環境下非常緩慢形成的，可能歷經數百年或數千年，此時有些玉會出現小小的裂紋，裂紋會逐漸擴大進而崩解成數塊，最後朽爛成泥。

　　這些玉在未崩解前的各種變化，會因人為因素出土，使我們看到了質變初期、質變中期、質變後期變化的玉，這種質變現象不同於沁色，玉沁是由外而內，而質變是由內產生的變化。

一、質變初期

　　玉質內部呈現斑斑點點的絮狀白花，行家稱為「質變斑」一如冰片紋，一如魚腦凍，有的玉表會些許乾燥，盤過一些時日或許有溫潤感，但只要擱置一段時間，表面又恢復乾燥，這是質變初期階段，玉正受地熱地壓等環境作用而改變其分子結構。

　　這階段出土的玉器如能有正確的盤功，還是可以恢復玉性的。

圖 128 / 382
西周｜白玉龍鳳紋珮飾
高 5.5 公分
玉中白色花點即是質變初期現象

圖 257 / 009

六朝｜白玉素面劍飾器

劍首直徑 4 公分 厚 1.4 公分
劍珸橫長 5.4 公分
劍璏長 9.5 公分 寬 2.3 公分
劍珌高 3.4 公分 橫寬 4.6 公分
質變初期
受墓中石灰從表面慢慢沁入玉裡

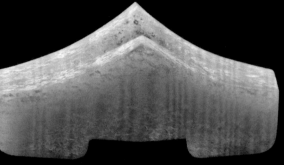

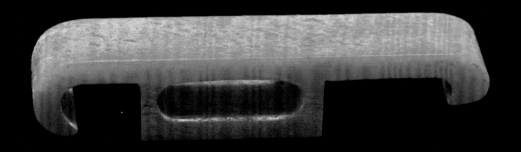

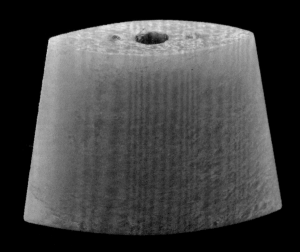

二、質變中期

　　玉的內部呈現大片冰裂白紋，有些裂紋的尾端從內部裂到玉的表面，只要玉表稍有裂隙，玉沁就會產生。

　　所以我們會常看到出土玉器的內部有冰裂白紋，而玉表有從外面入沁的沁痕，且沁痕是從裂紋呈片狀切入，這就是中期質變階段。

　　質變如再繼續進行，玉器就會受到內外夾攻，從裂隙崩解成兩塊或多塊，這種變化會反覆進行，直至玉器腐朽為止。

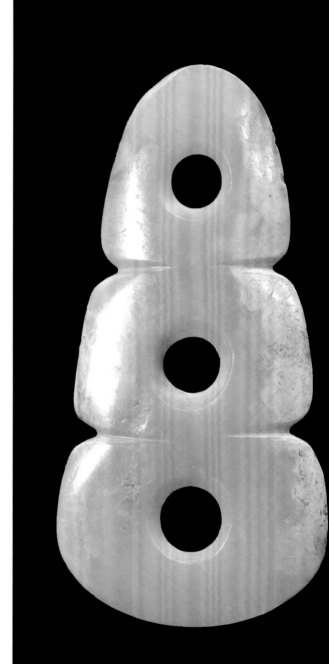

圖 001 / 263
興隆窪文化 ｜ 白玉三聯璧
高 8.5 公分
質變中期

圖 263 / 462
宋代｜
火劫玉饕餮紋帶扣
長 8.2 公分高 3.3 公分
宋代提油非質變

三、質變後期

在中期質變中未產生裂紋的玉，如果質變繼續進行，就到了質變後期。塊狀或片狀的白花繼續擴大，終於遍及整件玉器，整體形同枯槁、白化，色如雞骨白、硬度降至二度以下，此時出土，質地鬆軟，白如粉筆般可用指甲摳下。

此類出土玉器如有正確盤功，或可恢復硬度。

圖 032 / 385
紅山文化｜玉龜
長 5.8 公分 高 1.6 公分
腹部已質變成雞骨白

出土古玉變形的原因

　　資深古玉收藏家可能看過或聽過出土變形的古玉，例如一塊曲折的玉璧，或一片彎曲的 S 龍，這種變形的古玉大都是片雕的，然而出土古玉為什麼會有這種情形？究其原因如下：

　　古玉入土時間一久會改變分子結構，《古玉辨》說：「古玉入土就軟，見風就硬」。這句話我經歷過可以見證，因為：古玉入土一久（可能二、三百年，需視坑口環境而論），毛細孔逐漸變大，土中礦物質如鐵、銅、錳、鉛等便會隨地中水銀侵入毛細孔內，此時坑口如果是高溫乾坑或火坑，玉質容易白化。

　　呈白化或半白化的玉，硬度會降低，有的甚至降到如粉筆般的硬度，此時的玉成脫水、易脆、易斷裂狀（這段時間如果坑口遭到自然界的破壞，外界的壓力往往使白化古玉崩裂或斷成數節），此時未斷裂的白化玉器坑口逐漸轉成濕坑，則硬度低的白化或半白化古玉的毛細孔會吸足大量的濕氣或水氣，充足的水氣會使白化或半白化古玉的硬度、脆性再降低，有的甚至呈軟泥般的狀態，這時坑口如巧遇自然界破壞力量，散落地上或全埋或半埋土中的古玉，再遭到不均勻的土壓力道，古玉往往即在此時變形或折彎、扭曲，但不斷裂。

　　後來坑口逐漸轉成乾坑，變形或折彎、扭曲的古玉便逐漸定形，硬度也逐漸恢復到白化時期的硬度。

　　以這種形態出土的古玉，需在常態空氣中靜置，靜置的時間愈久，硬度愈會恢復到玉質原有硬度或接近原有硬度。

圖 186 / 322
戰國｜白玉穀紋變形璧
直徑 7.1 公分 厚 0.5 公分
扭曲變形

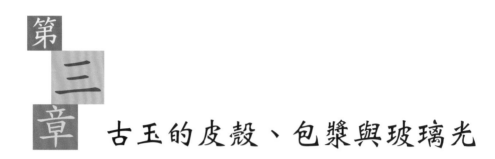

第三章　古玉的皮殼、包漿與玻璃光

認識古玉的皮殼

一、何謂皮殼

　　任何一件物品，如桌椅、沙發、木質傢俱、衣服以及廚房用具等等，如果使用舊了，我們很容易分辨，但使用多久，三年、五年、十年或百年，就不是很容易分辨的。

　　我們一般都是從物品的外表，來判斷新舊，為什麼可憑物品的外表來判斷新舊，是因為使用過與未使用的外表是不一樣的，簡單的說，硬質物品使用過外表會有磨擦痕跡，軟質物品使用過外表會有皺摺，這是我們憑視覺就可知道的。但是還有一個問題，也是剛剛所提到的，這件物品是舊的，到底有多舊？一件物品雖然沒有使用，但收藏已有四、五十年，沒有刮痕也沒有皺痕，還算是新品嗎？又一件物品已使用三個月，但使用頻繁，所以刮痕、皺紋明顯，外表視覺好像已有四、五十年歷史。所以判斷一件物品的年代，要以各種角度（收藏或儲存環境）分析研判，才能達到較正確的答案。

　　我們分析一件老的物品，如果以木質傢俱來說，可以發現表面除顏色不同外，還有一層看似污垢的油光，用乾毛巾擦拭更顯光澤，這一層油光是經過空氣中的灰塵和氧，以及光線裏所含的紫外線，長年接觸氧化侵蝕，再經人為的汗垢、撫摸，這樣經年累月所產生的一層膜，古玩界稱之為皮殼。

　　古玉亦是如此，只是古玉牽涉的年代較久遠，老化過程比較緩慢，從新石器時代晚期到清代，將近四、五千年的浩瀚歷史，單從表面是無法斷代的，只能判斷其新老。

近來仿品充斥市面，稍一不慎很容易買到贗品，但仿品也不是無根據的模仿，仿漢的就會用漢代的紋飾，仿戰國的就會用戰國的紋飾，仿西周的就會用西周的紋飾，仿文化期的就更簡單了，只仿其形就可以了。

所以我們觀察一件古玉，雖然紋飾仿得巧妙，但皮殼是無法仿得出來的，只要抓住皮殼的要點，就不會買到新仿品，其他古董亦然。

圖 081 / 325
商代│青玉饕餮紋斧
高 12.7 公分　寬 3.1 公分
玉斧表面已出現明顯而
溫潤的皮殼

二、古玉的皮殼

　　從古玉的皮殼可以很清楚的判斷這件玉是古玉還是新仿的，但我們不能從皮殼來斷代，最多只能斷明清、唐宋或更早。斷代的依據除皮殼外還要從紋飾、雕工、器形來辨別。

　　所以認識古玉的皮殼是分辨真古玉或仿古玉器的一個重要依據。

圖 200 / 232
秦代｜白玉雙身龍紋 M 形飾
高 4.7 公分
灰皮已轉淺褐色皮殼

圖 225 / 297
西漢｜青黃玉羽人坐像
高 6.1 公分
羽人在室內靜置 2 年，原有
的灰皮已轉成絲綢般的皮殼

三、古玉皮殼的形成

　　形成古玉皮殼有兩個途徑，一個是在窖藏或墓葬環境中自然生成的，一個是出土後或經人把玩才生成的（不論出土古玉或是傳世品）。出土的古玉除玻璃光外，受沁部分一般都較乾澀，皮殼不明顯，一經人盤玩後會形成一層類似油光的光澤，用放大鏡觀察，表面好像覆蓋一層薄膜。

　　未受沁的部分，有的皮殼明顯，也有許多不明顯的，這要視所受窖藏或墓葬環境的影響因素。酸鹼質較高的環境，皮殼自然明顯，酸鹼質較低的則皮殼較弱，如果玉質相同，盤玩出來的結果是一樣的。

　　再談到玻璃光，玻璃光是優質玉材加上精細的打磨技術，在特定環境下經過千年以上才形成的。玻璃光也是古玉的一種皮殼，他與前面所說的皮殼不同，前者的皮殼愈盤玩愈明顯，而玻璃光一般都會消失，愈盤就消失得愈快。消失後會轉為一般古玉的皮殼，所以有些藏家會想辦法保留這玻璃光。

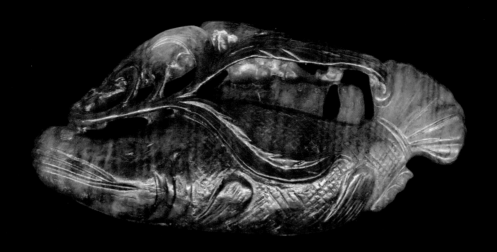

圖 261 / 102
遼金｜白玉鱖魚墜飾
長 6.6 公分
白玉鱖魚盤玩出來的皮
殼明顯

圖 242 / 285
西漢｜白玉羽觴杯
高 2.2 公分 長 9.8 公分
表面玻璃光明顯

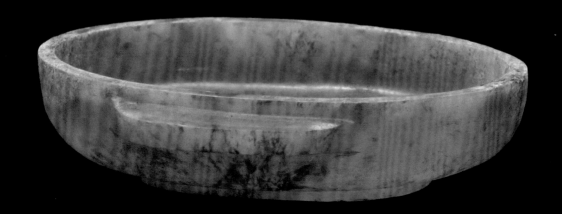

認識古玉的包漿

　　每一件古玉都會有皮殼，如果沒有皮殼就是新品，所以認識皮殼是我們區分新、老玉器的一個重要依據。但不是每一件古玉都會有包漿，所謂包漿，是指古玉出土後，經過很長一段時間，或經過正確的盤玩，在受沁區塊形成一層油質光澤。

　　這種油質光澤與皮殼不同，在放大鏡下觀察，表面明顯覆蓋一層如漆一般的膠膜，這層膠膜較皮殼的薄膜厚，所以也較明顯，這層在受沁處的膠膜，古玉收藏家稱之為包漿。

一、古玉包漿的形成

　　形成古玉包漿的先決條件就是要受沁，無論鐵沁、水銀沁、土沁都有可能形成包漿。第二個條件，就是坑口環境，以目前出土的古玉，凡砂水坑、鹼土坑、火坑等都不易形成包漿，受石灰沁或有燎葬風俗的玉器也不易見包漿，以乾坑及岩坑出土的古玉較可能有包漿。

　　形成包漿的原因有兩種，一是出土後的古玉，保存在常溫及空氣流通的環境，經年累月與空氣中的氧、濕氣、紫外線接觸，表面會形成一層如膠漆一般的氧化膜。時間愈久，氧化膜就愈厚，包漿就愈明顯。二是受沁部分在常溫與空氣中的氧結合一段時間後，經人正確盤玩，時間久了也會出現包漿。

　　人為的包漿與自然形成的包漿是不大一樣的，人為的包漿，如果不盤玩，包漿會逐漸褪去，若一但再盤玩，又會恢復包漿。而自然形成的包漿是不易褪去的，但用刀片或硬物是可以刮除的。

　　所以包漿的形成必須是古玉出土後，在自然環境中長期停留一段時間，使古玉逐漸恢復玉性，才能在表面形成包漿。

　　至於停留多久，則要視受沁的程度，受沁越深（嚴重），停留時間就越久，反之則短。一般須三至五年，也有長達七至十年，或更久。

　　因為古玉被埋藏地下，長達二、三千年或更久，受地下環境影響深遠，一但出土，必須給它一段時間適應地上的空氣與光線。如果給它五年、十年時間，對二、三千年的古玉來說，算是很短的了。

圖 254/ 233
東漢｜青黃玉八刀珮蟬
長 6.7 公分
乾坑形成的皮殼所產生的包漿

二、為什麼要瞭解包漿？

　　前面說過，凡是古玉就一定有皮殼，但不一定有包漿，有皮殼就能判定是古玉，為何還要談到包漿？這是古玉知識，談收藏古玉，除知道皮殼外，還要瞭解包漿。因為有些生坑古玉，剛出土不是沒有皮殼就是很不容易看出皮殼，尤其受沁較嚴重的部分。如果經過上述所說的一段時間後，受沁處會形成包漿，我們就可斷定這是古玉，否則，就是偽古玉器。

　　所以包漿是判斷高古玉器的一重要證據。但包漿不是高古玉器的專利，極少數玉質與打磨技術均佳的出土明清玉器，也會有包漿。

圖 177 / 202
戰國中期｜
黃玉鏤雕螭龍虎紋出廓璧
寬 14.9 公分　厚 0.9 公分
包漿明顯

認識古玉的玻璃光

一、何謂玻璃光與玻璃光澤

　　有收藏或研究古玉的人大概都聽過玻璃光，但很少聽過玻璃光澤，如果沒分清楚，則很可能在鑑定古玉上造成盲點，這盲點如解不開，在收藏古玉的路上找不出正確方向，容易陷入真假不分的泥沼中。

　　玻璃光與玻璃光澤最大的不同在於：玻璃光在把玩或自然陳列中會逐漸消退，玻璃光澤則不易逝去，出土而有玻璃光的古玉，經過日光、空氣、水、溫度等直間接觸，玻璃光會隨著接觸時間長短，與消退速度成反比，也就是說，接觸時間愈久玻璃光消退速度就愈快，若加上盤玩及水洗，則更加速玻璃光消退。

　　目前玻璃光是無法複製或仿造的，假若能認清古玉的玻璃光，無疑在鑑定上增加一定的功力。

　　玻璃光如何產生，目前尚無定論，只知道有玻璃光的古玉大都出土於戰漢古墓及窖藏，商周偶有發現，很少存在於唐宋以後的墓葬與窖藏。

圖 216 / 126
西漢｜青黃玉螭鳳紋鞢形珮
高 6.9 公分
玻璃光正逐漸轉成溫潤的皮殼

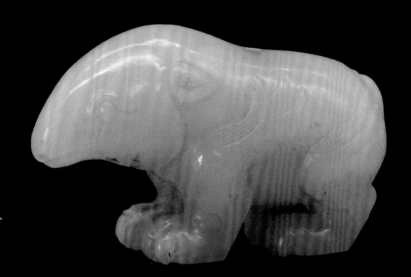

圖 232 / 378
西漢｜白玉幼熊
高 3.2 公分　長 5.2 公分
表面有明顯的玻璃光

圖 229 / 358
西漢｜和闐白玉龍鳳紋璽
高 6.4 公分　長 6.1 公分　寬 6.1 公分
玻璃光明顯

二、玻璃光的生成可從坑口及出土實物窺視一二

其一是玉質精美，一定是水料，除羊脂白玉外，玉質有白玉、青白玉、青黃玉，較少見到青玉、墨玉等或其他玉料。

其二是琢工精細，打磨獨到，也就是從粗磨、中磨、細磨到拋光都一絲不苟，表面光潔無比。

其三是坑口，這坑口是未被自然破壞，保持與外界完全隔離，數千年來一直是完整的陵墓或地窖，也因為如此，坑口環境一直處在半真空狀態，其所埋藏的金、銀、銅、漆器、絲綢甚至新鮮的肉類、蔬菜，或墓室所用的柏木等等，以及陪葬的馬匹、動物、殉人這些動植物、金屬相互腐爛鏽蝕，所產生的物質（粒子）瀰漫在密閉空間長達數千年，在一定的溫濕度環境下，並覆蓋在精美的玉器上，如此玉表面才能形成一層薄膜般明如鏡的玻璃光。

因此玻璃光其實是玉表的一層薄膜，這層薄膜會在人為盤玩下加速消失，消失後則成為溫潤的皮殼，即便不在人為盤玩而陳列在櫥櫃觀賞，也會因接觸空氣、光線而逐漸褪去，只是時間長短而已。

說到這裏，那玻璃光到底要保留還是褪去？這就要視你收藏玻璃光古玉的用意，目前還有很多收藏者不瞭解保有玻璃光古玉的價值，等有一天古玉玻璃光的面紗揭去後，留有玻璃光的古玉會比褪掉的價高數倍，至於如何保留玻璃光，目前的方法只有隔絕空氣及光線一途。

圖 230 / 364
西漢｜白玉轉頸辟邪獸一對（腹部銘文）
玉表已形成一層薄膜般明如亮鏡的玻璃光

左 高 5.9 公分 長 9.1 公分 寬 4.1 公分
右 高 6.1 公分 長 9.5 公分 寬 4 公分

　　當然，前提都是要能懂得分辨玻璃光與玻璃光澤。這些玻璃光玉器以出土於戰漢墓葬或窖藏較多，其次為商周，六朝以後較少見到，另玻璃光澤玉器則以出土明代大墓或窖藏較多，其次為唐代，早清大墓亦可見到，漢代較少見到，至於老三代玉器目前尚未見有玻璃光澤之玉器出土或傳世。

　　其次，談到何謂玻璃光澤？玻璃光澤只是玉表上打磨拋光精細的成果，表面光華亮澤而沒有一層如玻璃光的薄膜，自然也不會因陳列盤玩而消失。經常出現在唐、明兩代的古玉中，漢代雖偶有發現，但其材質大都是透明度與硬度較高的玉料。

　　唐代的玻璃光澤玉器一般從粗磨、中磨、細磨及拋光均有到位，而明代中晚期的玻璃光澤玉器大都不重視細磨，有些中磨的功夫都很草率，直接進行拋光工序，所以看到粗獷而帶有玻璃光澤的白玉，可以考慮斷定為明代中後期。

　　清代及近代的玉器加工也都有玻璃光澤，所以玻璃光澤主要是人為加工生成，也或許是唐宋以後的墓葬環境與習俗跟漢之前有所不同的關係。

　　也因為玻璃光目前尚無法仿造，見玻璃光便可斷為古玉，至於玻璃光澤，雖然唐、明兩代均有出現，但也要有一定條件，也就是玉質硬度要夠，至少 6.8 度以上，這種硬度的玉料打磨光亮後，至今仍不會褪去，清代玉器當然也會有玻璃光澤，但與前者相比數量較少，反而清末民國（仿古）玉器較常見。

　　清代乾隆的玉器主要是乾隆皇帝好古，常令工匠仿製三代及戰漢古玉，那時乾隆所見的均非出土古玉，而是經人把玩得異常溫潤才貢入宮廷，所以皇帝自然未見過有玻璃光的出土古玉，說實在乾隆時期流傳至今的和闐玉器已成溫潤且油光外溢，人見人愛的精美古玉器，尤其是小件把玩玉器，且玉質微泛黃而非像白紙般死白，這也是自然風化的結果。

圖 140 / 281
春秋｜白玉圓雕持璧、琮、圭、璜踞坐人
高 3.2 公分
玻璃光澤

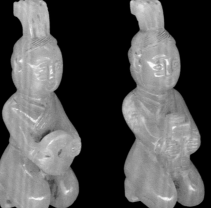

第四章　盤玉的技巧

盤玉的基本觀念

　　一般古玉藏家對盤玉都有錯誤的觀念，認為盤玉不外乎用手搓玉、用布反覆擦拭，或用毛刷不斷地刷，更糟的是將古玉在臉上磨蹭，殊不知這對古玉尤其是生坑古玉會造成一定或不可挽回的傷害。

　　所謂盤玉是指當收到一件古玉時，決定以何方法去玩它，依玩玉前輩的說法，盤玉有分文盤與武盤兩種方式，還有一種較玄的方法是用意念來盤。

　　文盤就是把玉放進縫製的純棉小布袋掛於腰際或佩掛胸前來盤玩養玉，以身體的微熱，來改變玉器的質地與顏色，武盤就是用手磨搓或用鬃刷不斷地刷，使其產生微熱藉以想恢復玉器的質地。另外還有用熱水浸泡後再把玩，也有用稻穀殼磨搓後再盤玩，更有甚者以古玉摩擦鼻翼，使玉蘸上皮膚溢出的油質，致使當時一些玉商順勢販賣所謂的「玉油」，教人塗在玉上便能溫潤 ------。如此種種千奇百怪，不僅無法將古玉恢復玉性，還對古玉造成不小的傷害。

　　本章節要談的是觀念問題，觀念錯誤，縱使是稀世珍寶，也會被盤得一文不值。

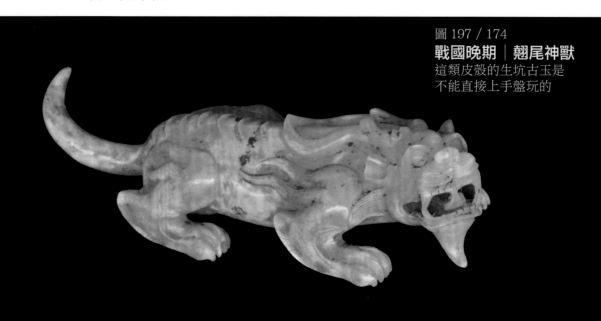

圖 197 / 174

戰國晚期｜翹尾神獸
這類皮殼的生坑古玉是
不能直接上手盤玩的

觀念謬誤實例

我曾親眼目睹一位經營古玉商家，拿著一件生坑雞骨白良渚玉琮〈經我鑑定確為良渚文物〉，用豬鬃刷不斷地刷，我以「暴殄天物」形容，並經數次勸阻無效，他認為良渚玉琮得來不易，刷久生熱必會重現玉質、玉性，到時就可賣大價錢了。果不其然，被他刷了三天的雞骨白玉琮，慢慢出現裂紋，接著一片、一片，一塊、一塊剝落，後來竟成為灰黑色的玉管，原有的紋飾隨著表面一片片、一塊塊剝落殆盡，此時無限的懊悔也於事無補。

也曾遇到一位嗜好收藏古玉的空軍將領，拿了一件灰白帶淺米黃色雞骨白玉器給我看，那是件雕琢精美的圓雕玉蟬，停留在一段竹枝上，竹節上飾有剛發芽的竹葉。蟬與竹節雕琢得栩栩如生，玉蟬奮力往上爬的動感表露無遺，意謂「節節高昇」，只見他直接用手努力盤玩著，似乎也想使雞骨白能快速變成通透白玉，我暗示他這種半生坑玉器最忌諱「急盤」，否則會被手中汗垢污染而成了「死玉」，以後再如何盤都無法恢復玉性。不出兩週雞骨白變成黑黑澀澀的「死玉」，玉蟬的動感消失了，高昇也破滅了。

還有一次，戰國生坑灰皮帶玻璃光的玉帶鉤，也被一位愛玉者以熱水浸泡，致使灰皮及玻璃光消失，玉帶鉤幾乎成軟泥，實在是「愛之適足以害之也」。

更離譜的是一位知名畫家，收藏一件直徑約 20 公分的漢代玉璧，因質變及沁色較嚴重，認為體溫雖然可以養玉，但耗費時日，突發奇想將玉璧放入電鍋保溫一晚，想藉鍋溫盤玉，沒想到第二天竟碎裂數塊，懊悔不已。

甚至有不少藏玉者，意圖用美工刀剔除出土古玉上的灰泥，認為玉的硬度可達 6.2~6.5 度，比刀硬，用刀來刮除古玉上所附著的衍生物，應無損玉質，結果不僅傷及紋飾，也傷到玉表，以致無法盤出皮殼應有的色澤。

圖 228 / 348
西漢│白玉辟邪獸
長 17.5 公分高 13 公分

圖 137/ 240
春秋│青黃玉跽坐俑
高 8 公分
被鐵鏽所附著之處尚不
可硬行刮除

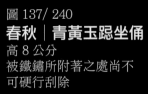

圖 227 / 347

西漢｜
白玉高浮雕穿雲螭劍飾器一組四件
劍首直徑 6 公分 厚 3.9 公分
劍璏橫長 8.5 公分 厚 3.1 公分
劍璲長 12.5 公分 厚 3.5 公分
劍珌高 6 公分 橫寬 3.5 公分
此組生坑劍飾器均靜置常溫通風環
境中五年，玉質已恢復原有的玉性

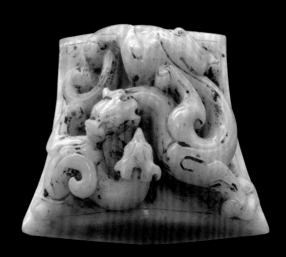

　　不正確的盤玉方法會使雞骨白古玉變成死玉，生坑灰皮變黑皮，玻璃光迅速消失，溫潤的傳世白玉愈盤愈無光澤，這種盤玉方法不僅糟蹋古玉也愧對古人，試想當時一件玉器花費多少人力、物力，從選材、運輸，再經巧匠曠日費時雕琢、鑽孔、打磨、拋光等工序，歷經千百年後竟毀在你手裡，能不愧疚嗎！

　　究竟如何盤玉才是正確的方法，這要視個人藏玉的意圖而定，如果是為學術研究而藏，建議將出土古玉用保潔膜密封以保留原貌，俾能保有出土的完整資料供研究，如果為愛好而收藏並伺機轉售，建議出土的高古玉器緩盤或用保潔膜包裹。傳世古玉則採選擇性盤玩，在此敍述一件真實故事，讀者或可理解何謂選擇性盤玩。

圖 243 / 305
漢代｜白玉天祿（鹿）
長 10.4 公分 高 7.2 公分
經正確盤玩後，灰皮轉成
和闐玉原有的臘狀光澤

　　2004 年夏，我收到一對漢代玉印章，螭鈕生坑灰皮沁，雕工精美，微帶玻璃光（剛出土古玉玻璃光會比較強），是一件人見人愛的高古玉器，無意中被同好 A 君看見，無論如何都要讓一件給他收藏，我執意不過，以原價讓出一件，我深知 A 君愛好盤玉，只要收到玉器，一定邊刷邊配帶盤玩。

　　我以警告的口吻說：「生坑玉器，千萬別馬上盤，也不能用鬃刷來刷，如果要盤，最少需待一年後，還要裝入舊棉布袋，佩帶腰間，以體溫養玉，受沁之處玉性才會逐漸恢復。」

　　2007 年秋，A 君帶著玉印來找我，天呀！這是我讓給他的漢印嗎？整個玉印被他盤玩的溫潤透亮，灰皮變成橙紅色，並絲絲沁入紋裡，若不是螭鈕的特徵，幾乎難以辨出是漢印。

　　「如何？盤的漂亮吧！」 他顯出得意的笑容並說：「 我依照你的指示來盤，效果很好，我很想出手，可否幫我找買主，我盤得如此溫潤一定有好價錢。」

　　「幫你找買主可以，但價錢你們自己談！」我順手打了電話給當時知名的補習班數理老師，並約了時間。

　　當對方見到如此溫潤的熟坑玉印，當即說這是明、清玉器。玉質很好，應是和闐水料，但他只想收藏漢玉或三代高古玉器，明、清玉器較無興趣。我與 A 君頓時一愣，原以為憑他鑑玉的功夫肯定看得懂，A 君急著解釋這的確是漢代玉印，是盤了兩年才變得如此溫潤。

　　我不願干預此買賣，卻又不想讓這對玉印斷代不明。

　　「這的確是漢代玉印，本來是一對的，另外還有一個生坑的，明天拿給你看，你就明白了。」 無奈之下，我淡淡地說。

　　第二天他看了生坑玉印，毫不思索的斷出是漢代的，表示要收藏這一件，另一件被盤玩過的則無興趣收藏。這下可好，想出手的出不去，不想出手的反而有買主。

　　一來想替 A 君出手，二來也不想這一對漢玉印再分離，我與數理老師提議：「這是難得的一對漢印，不趁此機會收藏，將來必會後悔，且這對漢印一個是生坑，一個是熟坑，可以比對，也可以作教材，如果分由不同藏家收藏，以後再會合的機率比中頭獎還難，希望你能把握這千載難逢的機會。」

　　最後他採納我的建議，收藏了這對古玉印，這位數理老師行事低調，收藏古玉頗有智慧，從不聽商家講故事，只求真、求精、求美，不以量取勝，所以收藏了十餘年，不乏收藏有一流的國寶級古玉精品。

這個事件引申出收藏古玉需重視的幾個要點：

（1）出土古玉經過盤玩確實會改變呈色，也可以恢復局部玉性。

（2）古玉經過盤玩後可能會誤導一般愛（藏）玉人對年代的判斷。

（3）即便是專家，要是對出土古玉閱歷不夠深入或對古玉轉色經驗不足，都會影響斷代的準確性。

（4）出土古玉不是每一件都可隨意盤玩的。

（5）古玉斷代不僅從形制、沁色、雕琢工藝還必須注重質變及溝槽風化程度以及當時的文化、政治背景、藝術觀來研判。

圖 077 / 264
商代｜白玉圓雕蹲坐熊
高 3.5 公分
水料
在自然通風環境中靜置一段
時間後灰皮正逐漸退去

圖 176 / 191
戰國 |
白玉翹浮雕饕餮紋牌飾
長 19 公分　橫寬 16.8 公分
此類玉器需靜置待灰皮及
白化轉色後始能盤玩

圖 264 / 307
元代｜白玉海東青擊鵠大帶扣
長 16.8 公分
經正確盤玩後，較嚴重的灰皮
轉成紅褐色沁，較淡色的灰皮
轉成黃香沁

圖 154 / 368
戰國早期｜
白玉透雕蟠虺紋出廓系璧
高 6.5 公分　寬 10.4 公分
經過正確盤玩右側虺龍灰皮轉
成褐色，左側虺龍仍在轉色中

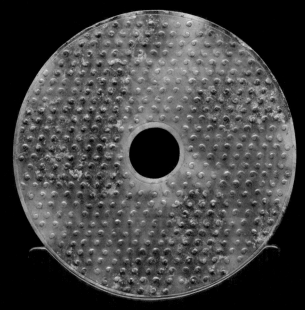

圖 244 / 308
漢代｜白玉浮雕九螭一鳳大璧
直徑 21.5 公分

為何要盤玉

　　首先說明玉為何要盤，一般收藏家當收到一件古玉時，不論生坑或熟坑，往往會立即清洗、盤玩或配戴，目的不外乎想證明收到的是否為真正古玉，如果盤玩得溫潤透亮則必定是真品，反之則為仿品，這也是盤玉與玩玉的迷人之處。

　　盤玉的第二個原因，是希望能將乾乾澀澀的古玉盤玩出溫潤光澤、油脂光澤或皮殼上有一層包漿或寶石光，不僅有成就感期與同好切磋、研究時被譽為行家，屆時必定有人出高價要求讓賢，那時候的成就感與光彩非外人所能理解。也因此許多高古玉器被人胡亂地盤、猛刷、蠻擦、上油甚至浸泡沸水，致使真正的古玉也會被盤成仿品。

如何正確盤玉？不同的坑口採用不同的方法

　　要盤玉前，首先心中要有一個觀念，就是：「古玉深埋地下，在無可測知的環境，歷經千百年甚至數千年才出土，再好的玉質也受土中酸鹼物質侵蝕，或被衍生物附著，這些變化都是日積月累在土中或墓葬或窖藏，一種無法測知或預估的環境（溫度、乾濕度、壓力等等）下慢慢進行的，其形成的速度與環境也有很大的關係。」所以我們無論如何也無法在一夕間或短時間內用人為的方法來恢復玉性。

　　盤玉的方法要視玉質受沁的情況和出土後的時間多寡而有不同的方法，一般古玉可分為：生坑、半生坑、半熟坑、熟坑四種，其受沁的環境又可分為：乾坑、水坑、濕坑、岩坑、火坑、砂水坑、鹼土坑等，另外還有一種後面再討論的墓葬方式，就是考古學常討論的「黃腸題湊」，始於戰國晚期，多見於漢代，漢以後很少再用，墓主身份至少是諸侯王以上，因墓葬環境特殊，致使出土玉器不僅未受沁且保持很強的玻璃光。

　　為了不使讀者混淆，我們僅從古玉出土的情況〈即：生坑、半生坑、半熟坑、熟坑〉來討論，再間接談到乾坑、水坑、濕坑、岩坑、火坑、砂水坑、鹼土坑，這樣就可瞭解盤玉的正確方法。

圖 050 / 148
良渚文化｜白化玉珠（5 粒）
高 1.6 公分（上排生坑，下排半熟坑）
白化玉珠經正確盤玩後可逐漸恢復玉性

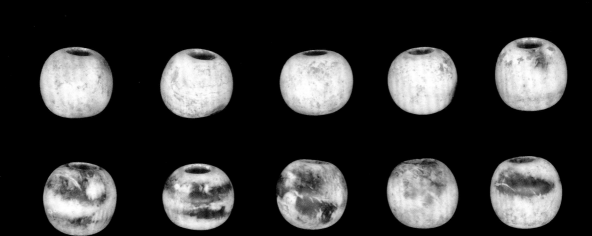

一、生坑玉器

指剛出土的古玉或出土一段時間但仍保留剛出土時的古玉原貌。

凡生坑玉器不論表面有任何不同的狀態呈現，都禁止用水刷洗或用熱水浸泡，更嚴禁用化學藥劑清理。

生坑玉器有下列幾種情況：

（1）

表面局部呈雞骨白、灰白或白中泛淡黃色，開窗處玉質明顯。

此類玉器窖藏或墓葬屬較乾燥環境，需以透明玻璃器皿盛放，置於通風處，有自然光但避免日光直曬，約三～五年待白化之處轉變成具有光澤的淡淡黃白色時，即可裝入舊棉布袋，置於腰間或佩掛胸前（切勿與皮膚直接接觸），以體溫養玉。

如此，快者三日慢者月餘就有變化，如何變，得視玉質密度及窖藏環境而定，有的白化處變成通透的淡褐色、紅褐色，有的變為溫潤的熟坑白玉，也有的變為暗紅色。這種生坑古玉只要白化處有轉色，十之八九為真品，反之則為偽品。

（2）

整器均為雞骨白色，有玻璃光但無一處開窗，硬度較軟，有的甚至用指甲即可摳（刮）下一小片。

此類古玉器盤玩的方法與前項相同，唯不同的是置於通風處需待六～七年甚至十年以上才可以體溫養玉。一般會變化成帶有淺褐色的溫潤半透明青黃色、青白色玉質。

（3）

全器雞骨白，有玻璃光，無開窗或有一小處開窗，但硬度較硬，無法用指甲摳（刮）下一小片，表面局部隱約有紫色沁痕。

此類玉器是在缺氧的墓葬或地窖，長期受地熱（約攝氏 50~70 度）影響。致使玉器發生質變—從乾燥～脫水～白化，因玉性已逐漸逝去故難以盤玩來恢復玉質。即使玉性尚存 50% 也僅能盤出半石半玉的玉石器。

（4）

　　全器雞骨白，局部有黑色火痕，無玻璃光也無一處開窗，硬度較硬，無法用指甲摳（刮）下一小片，有的表面局部有牛毛紋。

　　此類玉器往往是燎葬風俗的隨葬品，因受高溫火燻後長期被埋在土裡，玉性已完全失去，故無法用人為方法恢復玉質。

（5）

　　全器成玻璃光，玉質明顯，邊角切割犀利，無受沁痕跡，或有極小部分受沁，或局部有星點狀土蝕。

　　此類玉器大都出土於北方大墓，或未受損的黃腸題湊漢墓，墓葬環境屬乾坑或岩坑，墓主人的身分階層很高，這些隨葬玉器（非明器），雕琢工藝相當精美，外表打磨非常光亮，經驗不足的收藏家都視為新品或仿品，但只要一段時間，玻璃光會逐漸褪去，轉變出一層溫潤的皮殼。

　　這類古玉器是老行家夢寐以求的，建議用保潔膜包裹後再收藏在黑布袋內，以保持生坑玻璃光型態，因為如不用保潔膜包裹，即使裝在錦匣裡，玻璃光也會與空氣結合而逐漸消退。

圖 101／424
商代｜白玉圓雕立鴞
高 5.9 公分
生坑玉器

圖 045／013
良渚文化｜獸面紋管瑁
高 3.2 公分
右方是經正確盤玩後局部
雞骨白可恢復玉性

二、半生坑玉器

　　指已出土一段時間的古玉，未經人盤玩，但因與空氣接觸，表面有一層似有似無的皮殼。

　　此類玉器表面一般會呈兩種型態：

（1）

　　全器呈玻璃光型態，以強光照射，玉質明顯且呈半透明狀，表面有一層薄薄的皮殼。

　　此種玉器一般未受土蝕，但長期受墓葬或窖藏環境鹼性氣氛影響，以致玉表被氣氛侵蝕，用放大鏡觀察，玻璃光下有被侵蝕而生成灰黃色皮的痕跡。

　　此型態古玉器可選擇〝盤〞與〝不盤〞，如不盤則用保潔膜包裹與空氣隔離保持生坑型態，如要盤則以生坑第一種方法來盤，通風時間縮短為二至三年。

（2）

　　全器呈半玻璃光半溫潤型態，玉質明顯，表面有一層較明顯的皮殼。

　　此類玉器未受墓葬或窖藏環境鹼性氣氛影響，或受影響較弱，所以出土後較易與空氣結合，以致表面很快產生一層氧化皮，如果要盤玩，僅需裝入舊棉布袋內，利用體溫養玉，三至六個月就能將玉性盤出。

※ 所以出土古玉不論是生坑或半生坑的並不是每件都適合盤玩，筆者建議在不明狀況下儘量避免盤玩，以免造成無可挽回的損失與遺憾。這裏順便還要一提的是：以前玩玉的行家，為何盤玉只盤「熟坑」而不盤「生坑」，也是因為這個道理。

圖 129 / 406

西周｜青黃玉龍首紋橄欖形長瑊

高 10 公分

屬半生坑玉器，表面有一層薄薄的皮殼

圖 092 / 405

商代｜白玉幼虎一對

左 長 4.9 公分高 1.7 公分

右 長 4.8 公分高 1.9 公分

左側為盤玩後的半熟坑玉器

右側為未盤之半生坑玉器

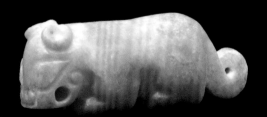

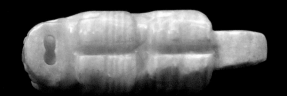

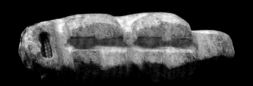

三、半熟坑玉器

指出土一段時間的古玉，已經玩家盤玩過，但未盤出玉性，或尚未完全盤出玉性。

半熟坑玉器有下列幾種情況：

（1）

玉器已被整理乾淨，衍生物也已除去，玉質表露無遺，表面有明顯的灰皮層，陰線縫隙及角落內有較嚴重的灰皮，此類玉器（密度較高）係經人清洗後再用熱水浸泡，致使沁入玉裡的雜質藉由熱水的壓力從毛細孔排出，俗稱「吐灰」（也有很多生坑玉器因密度不足而毀於「吐灰」這一動作）。

經吐灰的玉器是否可以購藏，需視玉質而定，從開窗處觀察，如屬晶瑩或溫潤的白玉則可購藏，因為精美的白玉密度較高，玉質雖受沁但不改變玉性，爾後較易盤出光澤。

盤玩的方法可先依生坑第一種方法來盤，通風時間縮短為兩年，再以體溫養玉一年或半載，即可一面養玉，一面用豬鬃軟毛輕輕刷表面。待三、五個月後可用微溫熱水浸泡、吐灰，如此只要重複後段的吐灰、輕刷、養玉，再吐灰、輕刷玉、養玉 >>>，數次後即可恢復原有溫潤的光澤。

（2）

玉器經整理乾淨，但灰皮處被盤成近黑褐色，且黯淡無光，此類玉器係出土後灰皮處經人猛刷及蠻盤，致使玉器毛細孔被手上汗垢（易出手汗的人）堵死，被堵死的古玉我們稱為「死玉」，「死玉」是很難盤出來的，所以我奉勸各位愛玉人士儘量不要購藏此類玉器。

（3）

玉器經盤玩過已顯溫潤，但一旦不盤玉質就會逐漸失去光澤，此類玉器係已經過行家盤玩過，但時間不足所以未完全盤出玉性。

一般剛入門的收藏家可多多收藏此類玉器，只要持續盤玩（或佩戴）數月或數年，不僅可盤出玉性，有的還可盤出寶石光澤。

圖 062 / 342

商或更早｜白玉龍獸合體珮

高 5.5 公分
半熟坑玉器

四、熟坑玉器

指已出土的古玉或未入土的明清玉器，經玩家盤玩過，且已盤出玉性，因塵封一段時間或經佩戴仍無法呈現古玉器的溫潤光澤。

此類玉器較容易盤玩，其方法是先將玉器以舊乾淨棉布擦拭乾淨，再浸入攝氏約 60~80 度熱水中，待熱水降至 40 度時，取出以舊棉布或毛巾布擦乾，在溫度尚未降溫前，迅速以豬鬃刷輕刷玉器。待完全降溫後即可用手（汗手除外）盤玩或佩戴。

五、二次或二次以上出土玉器

指古玉出土後經人盤玩或佩戴一段時間，這段時間長短不定，有數十年至數百年都有，盤玩過的出土古玉再入土陪葬，於明、清或近代出土，這類玉器我們稱之為二次出土古玉。例如文化期、老三代玉器在漢、唐出土後，歷經盤玩或陳列，或再次雕琢紋飾，最終又成為墓主 人的陪葬品，歷經數朝於明、清或近代出土。

出土兩次或二次以上的古玉，在存世古玉裡數量雖然不多，但對玩玉藏玉的人來說不能不知道，這類玉器以明清時期出土較多。

此類玉器經常會讓收藏家迷惑，因為玉是商、周器物，而紋飾、琢工卻是漢代或唐、宋工藝。所以研究古玉除了瞭解紋飾及沁色外對於切割工藝技術、時代背景、玉質、原礦產地、墓葬習俗、窖藏環境等需要多方面的探討。

此類玉器又有下列兩種情況：

（1）

出土後經加工再入土的玉器。

此類玉器只要仔細觀察大都可以察覺。一般見於文化期或商、周的素面玉器，於商、周或漢代出土後，經雕琢當代紋飾，再埋於墓葬或窖藏。

這類出土古玉屬於生坑中帶半熟坑的玉器，盤玩方法可參照上述半生坑玉器的方法。

（2）

出土後經盤玩再入土的玉器。

此類玉器又分「光素無紋」及「有紋飾」兩種，雖然這兩種再出土古玉，不易辨識，但都不影響斷代的依據。這類出土古玉器常見於文化期、老三代及漢、唐玉器，於宋、元甚至於明代出土，經盤玩數十載或百載後再入土。

這類出土古玉屬於半熟坑中帶生坑的玉器，盤玩方法可參照上述生坑玉器的方法。

筆者曾見一件韘形珮，從器形、琢工來看，確屬漢玉，但沁色為灰黑色，似水銀沁，但無牛毛紋，表面土蝕淺淡，又不屬水銀沁，倒類似宋代提油的工法。這是漢玉埋藏後於宋代出土，可能沁色較薄，以當時崇尚古玉的風氣，古玉要沁色多彩才是上等古玉，所以再以提油來增加沁色。經人盤玩或佩戴一段時間後，又陪葬入土，可能於清代或近代出土。

這類玉器仔細觀察一般都有兩種沁蝕的痕跡。這是因為出土古玉的坑口與再入土的坑口不同的原因。如古玉在乾坑出土，後又在濕坑處入土，容易形成兩種不同的沁蝕痕跡。只要仔細觀察就可以瞭解。

這種屬於二次出土玉器介於半生坑與半熟坑之間，盤玩的方法，可從生坑、半生坑與半熟坑的情況來選擇一種方式盤玩，其效果會不錯的。

※ 如使用豬鬃刷刷玉需選擇軟毛刷，要輕輕地刷，時間以不超過二十分鐘為原則。鬃刷要保持乾淨，刷玉的鬃刷不得再刷其它物品，如有塵垢或刷過它器或沾染銅器，則需以肥皂水清洗乾淨，待晾乾後始可繼續使用。

圖 223 / 235
西漢｜白玉獸首捲雲紋劍璏
長 9.3 公分 高 1.4 公分 寬 2.7 公分
熟坑玉器

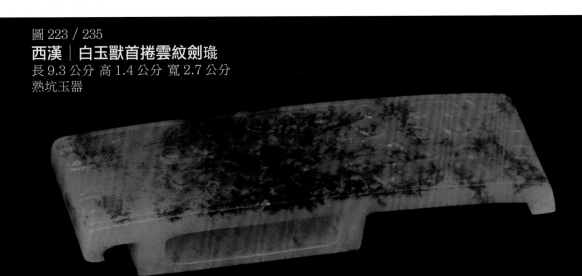

盤玉的重點

一、　生坑玉器千萬不能盤，也不能刷。

二、　生坑雞骨白有玻璃光的出土古玉，只要有正確的放置環境，一般都
　　　可以恢復玉性。

三、　生坑雞骨白千萬不能用任何刷子刷，一但刷破表皮，即難恢復玉
　　　質，即使可以恢復玉性，也是受沁的玉表。

四、　生坑灰皮的部份，千萬不能徒手觸摸，非不得已需戴乾淨純棉手
　　　套，但不可用力長握或搓磨盤玩。

五、　生坑玉器嚴禁用自來水清洗，更不可用清潔劑浸泡，盡可能保持出
　　　土原貌，置於乾淨環境中靜置一段時間，避免油煙、臭氣或任何不
　　　良的化學氣味。

六、　生坑玉器如玉表有沾黏泥土、鐵鏽、銅鏽等附著物，盡量避免用硬
　　　物刮除，需放置一段時日（視玉埋藏環境而定，或二、三年，或四、
　　　五年），待附著物自動脫落或可輕易去除時，可用軟毛刷輕輕刷除，
　　　或用軟竹籤剃除，如仍有不易刷除的附著物，則再靜置一些時日，
　　　再重覆上述方法，即可慢慢柔性地刷除。

七、　生坑白化嚴重（雞骨白）的部份，千萬不要用硬物諸如竹籤等尖銳
　　　工具試探性的接觸或刮除土垢，因為生坑雞骨白玉器出土時表面是
　　　軟的，稍有不慎會將白化表皮刮破或刺破。

八、　生坑雞骨白或有灰皮的玉器，千萬不可用手搓磨或盤玩，更不可用
　　　毛刷反覆地刷，否則雞骨白或灰皮部份會轉成灰褐色、褐色進而成
　　　黑褐色，最後變成死玉，也就是真品被玩成贗品，毫無價值可言。

九、　任何高古玉器及受沁的古玉，嚴禁用油塗抹，或拿來擦拭臉部。

十、　白化至破皮的玉表雖大都無法恢復玉質，但如妥善處理，仍可恢復
　　　玉性，破皮處在適當環境可逐漸形成沁色。

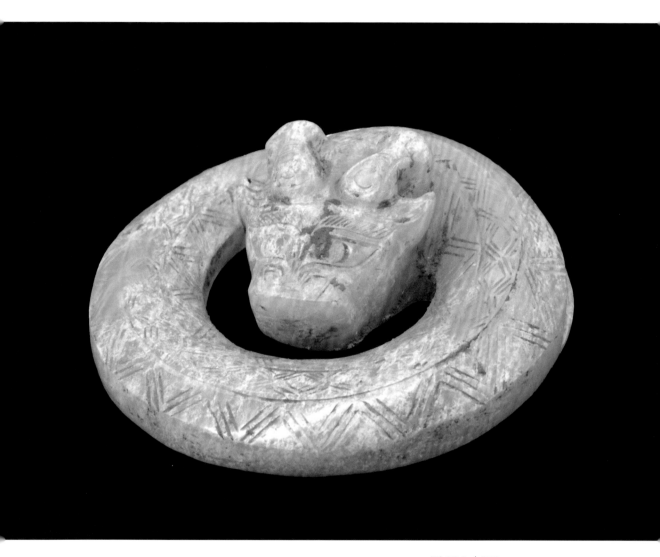

圖 086 / 373

商代｜青黃玉圓雕蟠龍
高 2.8 公分 底寬 8.1 公分
腹部有銘文
這類灰皮尚不能盤玩

第五章 文化期玉器代表

前言

　　新石器時代，由於文化發展散佈於黃河、長江流域及其支流，其各自發展的結果，產生較為鮮明的「區域文化風格」。如中原地區的仰韶文化，太湖流域的馬家濱文化、崧澤文化，浙江餘杭的良渚文化，浙江寧紹的河姆渡文化，廣東的石峽文化，遼寧、內蒙和河北交界的紅山文化，以及黃河中下游地區山東、陝西的龍山文化，山東海岱地區的大汶口文化，黃河上游的齊家文化，江淮地區南京的北陰陽營文化與安徽的薛家崗文化，長江中游的石家河文化、大溪文化、屈家嶺文化等等。

　　這些文化相當於新石器文化晚期，所以或多或少都有出土一些玉器，或半玉半石的工具。對於古玉收藏者來說先以紅山文化與良渚文化為優先考慮，其中紅山文化已能利用燧石及鑽孔來雕琢簡單的線紋及溝槽，來勾勒造形，製作出生動傳神的象形動物玉器。稍晚的良渚文化則利用尖銳的工具刻劃精細的神人獸面紋玉器，尤以良渚玉琮為代表。

圖 035 / 388
江淮地區 北陰陽營文化｜瑪瑙璜
長 9 公分

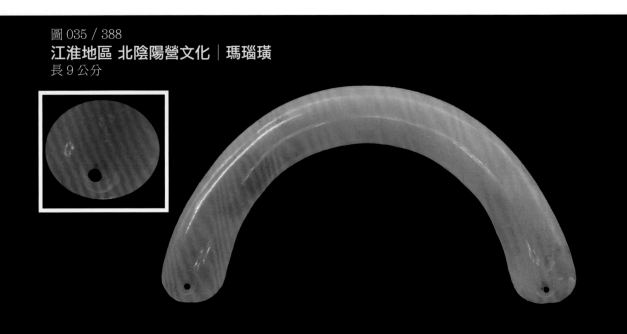

圖 058 / 034
龍山文化｜青玉鷹紋圭
高 14.5 公分

圖 060 / 262
龍山文化｜
青黃玉神人紋圭
高 8.4 公分

圖 059 / 132
龍山文化｜青玉介字人面紋玉刀
長 14.3 公分 高 5.1 公分
請參考上海博物館收藏龍山文化神人面紋玉刀

圖 061 / 367
龍山文化｜人首蛇身白玉飾
高 5.4 公分
可參考石家河文化河南光山縣黃
君孟墓，黃君孟墓的人首蛇身玉
雕，正面為原刻，背面為後刻，
蛇身龍紋為春秋早期所雕琢。

圖 054 / 170
石家河文化｜玉人（男性）
高 11.5 公分

圖 055 / 171
石家河文化｜玉人（女性）
高 11.4 公分

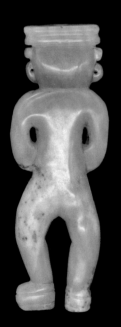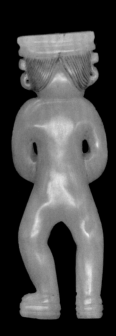

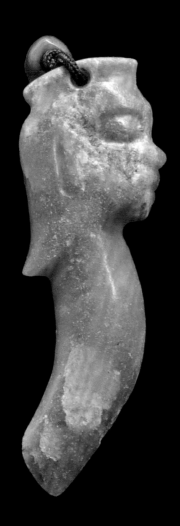

圖 056 / 398
石家河文化｜青玉女王首刀形珮
高 6.6 公分

圖 057 / 399
石家河文化｜
白玉神人面飾
高 4.3 公分　長 7.5 公分

遼河地區紅山文化

紅山文化是於一九三五年，日本考古學者濱田耕作、水野清一在赤峯紅山後遺址進行發掘，採集了一些遺物，並整理成一本考古報告，稱為「赤峯紅山後」。爾後由於抗日戰爭與國共內戰使田野考古工作停頓許多年，直到一九五四年，大陸考古學者綜合了有關的遺址考古發掘資料，認為這是中國北方的一支重要的史前文化，才將之正式命名為「紅山文化」。

紅山文化位置約在遼寧、內蒙古和河北的交界地帶，年代大約距今五千至六千年（外國史學家則認為距今六千至七千年）。

中國的考古工作者，自七十年代開始，花了大約六年時間，找出紅山文化玉器的證據，也證實了一大批收藏在國內外屬於紅山文化的玉器，從而解決了傳世文化期玉器中有關紅山文化玉器年代的問題。

紅山文化遺址分佈在東北平原和蒙古高原的銜接地帶，主要集中於西遼河上游的潢水和土河的流域。重要遺址有赤峰紅山後、赤峰蜘蛛山、赤峰西水泉、翁牛特旗三星他拉村、林西沙窩子、巴林右旗那斯台、巴林左旗城郊、牛河梁、朝陽十二台營子、阜新胡頭溝等。

經過科學發掘使我們瞭解傳世紅山玉器隨葬時的原來部位，例如遼寧省建平縣牛河梁的一個墓葬中，屍骨頭部有一馬蹄形器，腰部有一豬龍胎，凌源三官甸子的一個墓葬中，屍骨頭部有一鉤雲形玉珮，胸前也有一馬蹄形器，屍骨右側放一玉鳥。這些墓葬的發掘對瞭解紅山玉器的用途，提供了一個有力的線索與具體討論的空間。

紅山文化出現的玉器發現有不少裝飾用的小件玉器，有玉珠、玉管、玉方形璧及柄狀鉤形器等，目前尚未發現有璧、琮等禮器，而以鳥、昆蟲及獸形玉器為主體，獸形的玉石動物造型雕刻得栩栩如生，其中有現實題材的動物，如鳥、鴞、鷹、蟬、魚、龜、豬以及鱷魚、蠑螈等。也有似實物又似摹擬幻想中的神靈，如 C 形龍、獸形玦、豬龍胎、太陽神等，再加上特有的勾雲形器、馬蹄形器、二、三聯璧、雙獸首三孔玉飾，構成了紅山文化玉器的特色。

　　紅山文化的玉龍造型非常簡單，很多造形只是一個圈（很像英文字的「Ｃ」所以外國考古學者稱它為「Ｃ形龍」），與後期的盤龍、咬尾龍相比顯得十分原始。在當時，對「龍」的崇拜遍布各個地區，說明上古中國各地的神祖、宗教與文化亦存在重要的共同之處。

　　紅山文化大型墓中殉葬的玉器大都有一定的組件，如豬龍玦、馬蹄形器、勾雲形器、鴞、鳥、龜、鱉等都是這些組件中的主要器物，這說明紅山文化的墓葬已經有一定的制度了。

　　雖然出土了不少的紅山玉器，但整個紅山文化對我們來說，還是蒙著一層神秘面紗，尤其牛河梁遺址女神廟出土了一些極為特殊的玉器，其器形、名稱、用途目前尚無從考證，這對考古學者或紅山玉器收藏者而言均迫不及待地想去瞭解，希望將來有更豐富的田野考古資料，使紅山的文化層面、宗教層面、藝術層面等的疑惑都能一一解開。

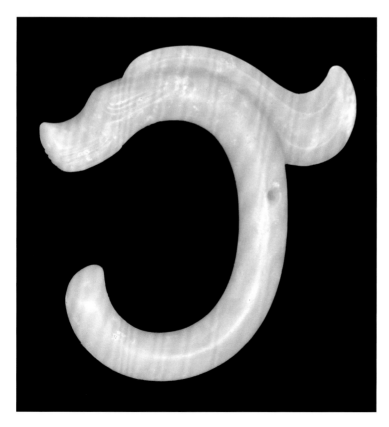

圖 023 / 248
紅山文化｜白玉Ｃ形龍
高 9.4 公分

介紹紅山文化玉器

　　近二十年來，收藏紅山玉器的藏家愈來愈多，甚至有以收藏紅山玉器為團體的，如果收藏者不下功夫，只一味聽信賣家的故事，看到的都是贋品或以贋品為標準，這會使收藏者一直浸漬在自己的憧憬裡，無法從贋品的巢臼裡跳脫出來。以致於造假的紅山玉器充斥市面，他們多仿製 C 形龍、獸形玦、三聯璧、太陽神、勾雲形器等，其次為動物群，如鳥、鴞、鷹、蟬、龜等，材質大都為似玉的石頭。

　　其實在出土與傳世的紅山玉器中，我們不難歸納出紅山玉器的幾種特徵，從這些特徵來鑑定紅山玉器的真偽並非十分困難，以下介紹幾件代表紅山文化的玉器，瞭解這些玉器特徵對我們判定紅山文化玉器真偽就有一定的標準。

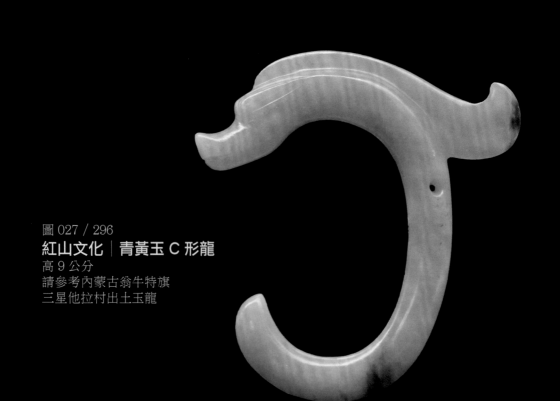

圖 027 / 296
紅山文化｜青黃玉 C 形龍
高 9 公分
請參考內蒙古翁牛特旗
三星他拉村出土玉龍

一、C 形龍

　　龍體橫斷面為橢圓形，從各地出土的 C 形龍大小均有不同，大件的高達二十六公分，小件的僅三、四公分，可供佩掛裝飾。

　　玉質有深綠色的岫岩玉，也有白色、青白色、青色、墨色的閃玉。

　　C 形龍的造形，頭部用淺浮雕表現梭形眼睛與上翹的嘴形，龍嘴緊閉前伸，微往上翹，鼻端截平，有些 C 形龍的鼻端平面處，鑽出淺淺的兩個小圓孔，用來代表龍的鼻孔。

　　頸部延伸出一長鬃鬣飄向後上方，幾佔龍體的三分之一，鬣尾上揚，做逆風飄動狀，鬃鬣磨成矗立扁平的薄片，並將邊緣打磨成薄刀狀，龍身無紋飾，龍身收尾處修成略向內灣的圓尖形，這圓尖形就是鑑定 C 形龍的重要條件之一。

　　龍背部有一圓孔，由兩面對鑽而成，有些孔壁留有螺旋紋，最重要的是有些龍的額頭刻有數條平行陰線組成的菱形網格紋。

　　上述各點都是鑑定 C 形龍真偽的參考資料之一。

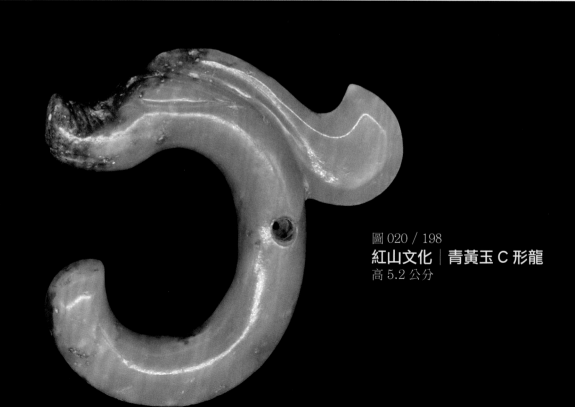

圖 020 / 198
紅山文化 | **青黃玉 C 形龍**
高 5.2 公分

二、馬蹄形器

　　在紅山文化各遺址中或傳世品中，都會有形制較特別的玉器，如馬蹄形器、勾雲形器等，馬蹄形器通體透空，橫截面作橢圓形，一端平削，另一端呈斜口，長邊微外撇，邊緣薄如刀刃，整體作倒馬蹄形狀，故而稱「馬蹄形器」。

　　玉質有青綠色、青色、青白色、青黃色等，微透明，青色類的玉質或多或少都帶有黑色點。

　　有些馬蹄形器在平切的兩邊各有一小圓孔，多為單面鑽成。

　　器外磨製平滑，器內有些打磨光滑，有些留有條狀加工痕跡，這是鑽孔與線切割殘留的工具痕。

　　這些馬蹄形器有各種不同的尺寸、口徑，顯然是專門製作給某些特定人使用或穿戴的，數量不多，目前仍未瞭解它的確實用途與意義。

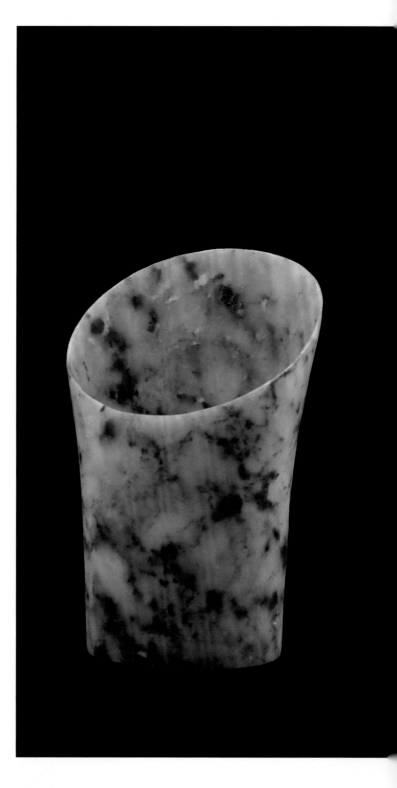

圖 029 / 299
紅山文化｜馬蹄形器
高 11.8 公分

圖 006 / 050
紅山文化｜青黃玉馬蹄形器
高 17.8 公分

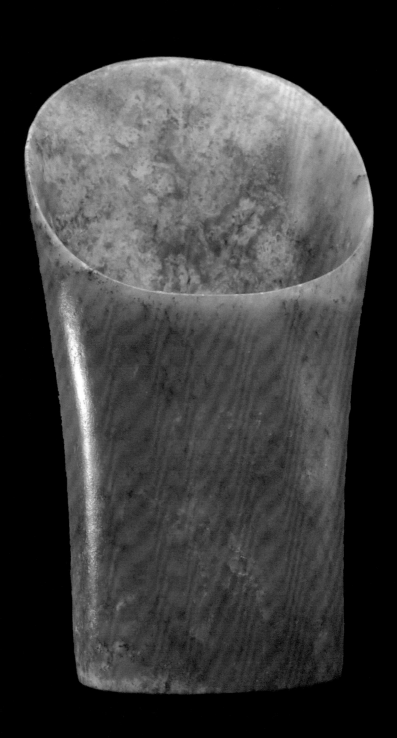

三、豬龍玦

又稱「獸形玦」，此類器形目前僅見於紅山文化。

外形呈勾形蜷曲狀，首尾不相聯，有些開口如縫隙般狹小，也有些縫隙未斷開，有些以陰線刻出眼簾、眼睛、獠牙、皺紋，有些以淺浮雕琢磨出雙耳、大眼、鼻間皺紋、突吻。

大都周身光素無紋，通體磨製光滑，器背上方有兩面對穿圓孔，似穿掛用。

器物有大小不一，玉質有青綠色、青白色、青黃色、黃綠色、白色及已白化呈牙白色等，有些玉質呈半透明而溫潤。

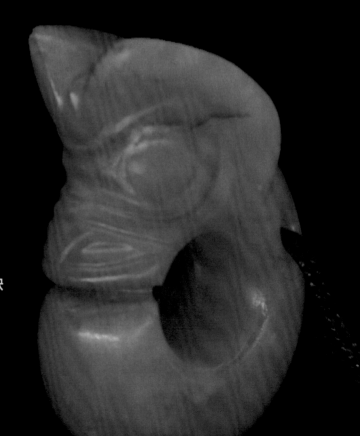

圖 013 / 094
紅山文化｜青黃玉豬龍玦
高 5.3 公分

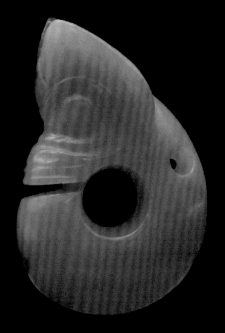

圖 017 / 130
紅山文化｜白玉豬龍玦
高 4.3 公分

圖 016 / 129
紅山文化｜白玉豬龍玦
高 4.8 公分

圖 018/ 131
紅山文化｜白玉豬龍玦
高 3.9 公分

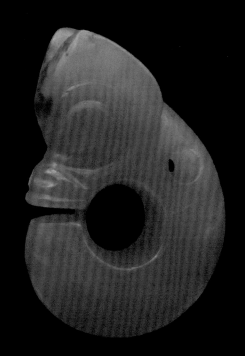

圖 004 / 031
紅山文化｜勾雲形器
長 20.3 公分 高 8.1 公分

四、勾雲形器

此類器形目前也僅見於紅山文化。

出土相似的型制很多，約有十幾種，器形多作方圓板形，且大都是雙面雕，少部份是作單面雕。四角多為不規則的弧形，有些類似雲頭，有些類似龍角，也有類似鳳的尾翎。

其餘部份是鏤空雕，形狀有龍首、鳳首、龍鳳合體，更有的形如鳳鳥做孵卵狀，並在器面磨出淺凹槽，這種玉器在遼寧三官甸子、內蒙巴林右旗多有出土，是紅山文化的特有形制。

圖 003 / 030
紅山文化｜青白玉勾雲形器
長 18.7 公分 高 9.6 公分

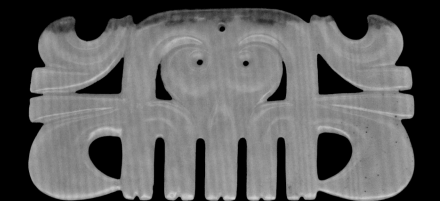

圖 005 / 044
紅山文化｜青黃玉勾雲形器
高 8.6 公分 長 12.3 公分

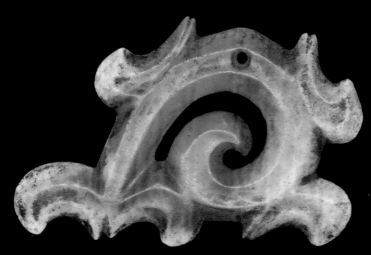

圖 021 / 205
紅山文化｜白玉勾雲形器
寬 9 公分

圖 022 / 210
紅山文化｜青白玉勾雲形器
長 7.7 公分 寬 5 公分

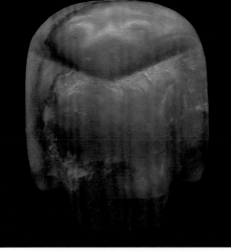

圖 010 / 063
紅山文化｜**青玉鷹**
高 4.2 公分

五、玉鷹

　　也有稱作「玉鴞」的，頭作三角形，向下彎曲，嘴成尖狀，雙眼雕成微凸的兩個同心圓，足爪部份略凸起並以陰線紋飾鳥爪，兩翼平行下垂而對稱，以瓦紋飾羽翼，以陰線紋飾尾羽，整體形狀略成方形，表現鷹或鴞剛飛落於樹梢上，作休息狀或觀望獵物，造形傳神，動感十足，器背上方有斜向對穿孔（牛鼻穿），可穿掛佩戴。

　　玉質有青綠色、青白色、青黃色、黃綠色、白色及已白化呈牙白色等，有些玉表有蠟狀光澤。

圖 033 / 397
紅山文化｜**青黃玉鷹**
高 5.5 公分寬 5.5 公分
孔壁可見弦紋

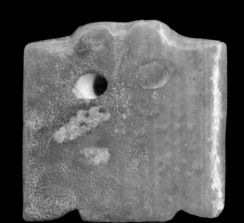

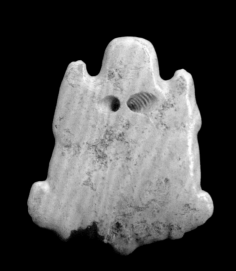

圖 032 / 385
紅山文化｜青玉龜
長 5.8 公分　高 1.6 公分
斜穿孔壁內可見旋紋

六、玉龜 與 玉鱉

　　在遼寧省阜新縣胡頭溝紅山文化墓葬中出土了兩件形似龜的圓雕動物，當初都以「玉龜」稱之，一件長 3.9 公分，寬 3.6 公分，另一件長 4.8公分，寬 2.8 公分，兩器厚度都約 0.5 公分左右，淡綠色玉質，其龜甲、爪或尾都作較寫實的表現，龜首長度不同，一作伸首，一作微縮，龜爪亦不相同，一作奮力爬行，一作似以爪蹼向前浮游。顯示玉雕者對龜、鱉類的形態及生活必然有充分且詳細的觀察，故而雕琢出兩者不同的動態，藉以區別龜、鱉不同的習性。此二器腹部均有斜對穿，可當作佩飾。

　　類似的玉龜、玉鱉也見收藏家藏有一些，玉質多作青綠、淡綠、墨綠及白色，有些局部白化，有些受沁成黑漆古，動態雖大同小異但形態都栩栩如生，且器腹上方都有兩面斜對穿圓孔，有的仍留有鑽孔的螺旋紋。

圖 011 / 064
紅山文化｜白玉鱉
長 5.6 公分　寬 4.2 公分　厚 1.8 公分
受煤層所沁

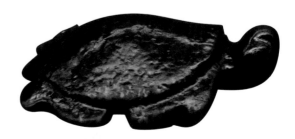

七、玉神人 與 太陽神

　　玉神人亦有人稱為「太陽神」，雖未見官方記載之遺址出土，但傳世及私人收藏品均有發現，相似的器形也有多種，從造形古拙、鑽孔工藝、打磨痕跡、玉質變化以及表面風化層，都可斷為紅山玉器，它是紅山文化中少見的較大形圓雕玉器，此神人身體形似遼寧省喀左縣祭祀殘址出土的陶土人像身體。

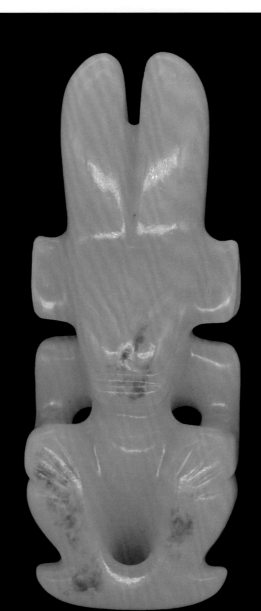

圖 014 / 127
紅山文化｜白玉太陽神
高 8.9 公分

　　有些神人頭頂伸出雙角，以淺浮雕琢磨出眼、鼻、口，器形多為雙手手指相對，手心朝向腹部蹲坐，也有撫膝蹲坐。

　　玉質多為青黃玉、青玉，色澤都較溫潤，顯示紅山時代人們對神人的尊崇。

　　較小型的神人，器背上方有兩面斜對穿圓孔，可穿掛佩戴。

圖 024 / 249
**紅山文化｜
白玉神人立像**
高 11.5 公分

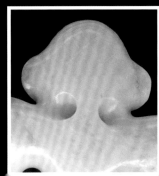

紅山文化玉器特徵

通過上個章節介紹的紅山文化玉雕，可以歸納出代表紅山玉器的工藝特徵：

一、造形

紅山文化玉器中動物造型，風格古樸而豪放，所表現技法中的圓雕、浮雕、透雕、兩面雕，其鑽孔、線刻、打磨等技藝十分成熟。很多動物題材，如玉鷹、玉龜、玉鱉等刻劃得十分傳神。

另外較為神秘的玉 C 形龍、玉豬龍玦、馬蹄形器等，這些玉龍、豬龍玦雖玉質、色澤、形體大小、出土地點不同，但從整體造形到細部處理均有一定的基本型態，這說明紅山文化部族所刻畫雕琢的臆想神靈或當時存在的具體實物，這些造形都是按規定的形制要求製作的。

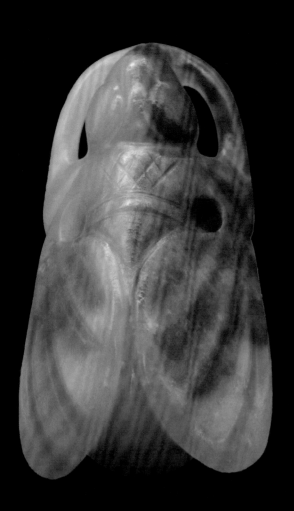

圖 002 / 028
紅山文化｜青黃玉昆蟲
長 8.1 公分 寬 4.6 公分

圖 030 / 301
紅山文化｜白玉豬龍玦
高 3.6 公分

二、玉質

　　紅山文化玉器很可能是就地取材，也不排除來自新疆或遼東、內蒙古地區的角閃石玉礦。

　　紅山文化玉器所用的材料品種較為複雜，有蛇紋石、石英石、角閃石等。

　　玉質顏色有白色、黃色、青色、綠色、青白色、青綠色、墨色、黑色等，其中以青色、青綠色較多，其次為青白色，白色較少、黃色更稀少，估計是從赤峯、錦州一帶露天採集來的。

圖 026 / 290
紅山文化｜青玉太陽神
高 14.2 公分
可參考震旦博物館玉神人獸像

圖 012 / 065
紅山文化｜青玉錛（殘件）
長 4.2 公分

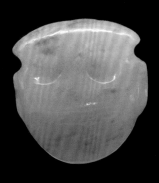

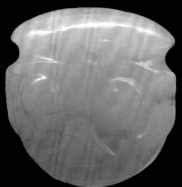

圖 031 / 306
紅山文化｜黃玉人首珮
高 2.5 公分 寬 2.4 公分

圖 007 / 060
紅山文化｜黃玉神人跪坐像
高 5.7 公分 寬 2 公分 厚 3 公分

圖 025 / 268
紅山文化｜青白玉豬龍玦
高 9.5 公分

三、工藝技術

　　這一時期的治玉工藝是處於玉、石工藝分化期，也就是從新石器時代演進到玉石並用的時代，很多重要的小形工具、飾物、代表權力的配飾器等，都以玉來雕琢。

　　此時沿襲「琢打粗坯 → 磨製毛坯 → 鑽孔 → 細磨 → 拋光」的治玉流程，更進一步的充分運用解玉砂為介質，對玉進行柔性線狀物和硬性片狀物作為工具的切割法，切割法配合鑽孔技術，成為新興的鏤空工藝。

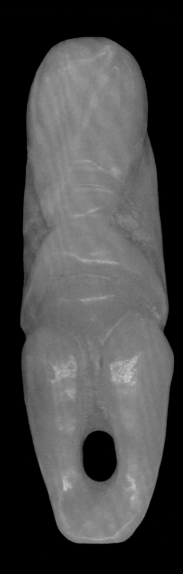

圖 015 / 128
紅山文化｜白玉神人
高 5.9 公分

圖 034 / 401
紅山文化｜青黃玉雙聯璧
高 5 公分
從兩面對鑽。有明顯的喇叭孔

四、鑽孔

紅山文化玉器鑽孔目前發現有單面鑽成、兩頭對鑽與牛鼻穿三種，鑽孔工具有桯鑽、管鑽。

有些孔壁已拋磨光滑，有些留有平行斜線紋、螺旋紋，這些平行斜線紋、螺旋紋又有粗細、大小、間隔的不同，顯示鑽孔工具有多種規格。

五、紋飾

紅山文化玉器很少有紋飾，目前僅發現 C 形龍的額頭有菱形網格紋和裝飾在玉蠶、丫型器的凸弦紋，以及裝飾在玉鷹雙翼的瓦紋。

網格紋是由數條交叉的平行陰線紋所組成。但並不是每件 C 形龍都有網格紋，用放大鏡觀察這些網格陰線紋的深處，都有很明顯的風化痕跡，此風化現象非經數千年難以形成。

凸弦紋是用減地隱起法琢出立體效果。

瓦紋則是在平面上琢出類似瓦片的凹面，造成立體效果。

江浙地區良渚文化

自一九五九年浙江省嘉興市馬家濱遺址開始發掘以來，上海青浦崧澤、江蘇蘇州草鞋山、江陰祁頭山、浙江杭州、嘉興馬家濱等二十餘處馬家濱文化遺址出土了許多玉器，這些遺址都圍繞在太湖周邊。從這些玉器材料可瞭解馬家濱文化已開始採用透閃石系列的軟玉，由於使用軟玉，使他們進步到使用解玉砂切割的開料法，治玉工藝逐漸走向獨立之路，馬家濱文化各類玉器也隨之得到繼承與發展，經崧澤文化進一步的孕育、創新、發展，最後繁衍出熠熠生輝的良渚文化，成為太湖流域玉文化的根源所在。

良渚文化距今約四、五千年，最初發現於浙江餘杭縣，其分佈範圍集中在長江下游的太湖流域，是馬家濱文化、崧澤文化的發展和延續。由於當時太湖流域地區盛產角閃石、蛇紋石、石英等，促使良渚文化治玉工藝的普遍發展，進而形成玉器工藝是良渚文化的一個顯著特點。

從良渚文化遺址各類玉製品的出現，說明良渚文化的治玉工藝是屬於複雜的勞動體，從玉料的開採、搬運、開料、製坯、雕琢、鑽孔、打磨，到最後完工之間的生產過程，不僅是消耗大量勞動力，也是多工序、多工藝技術勞動體的結合，這些雕琢細膩的高水準良渚玉器應是一群有組織管理、專業性分工的機構所生產的。

介紹良渚文化玉器

浙江良渚一帶，有歷史記載約在春秋戰國時期才開發完成，在良渚文化未問世之前，這個地區盛傳經常出土古玉，在當時一般人多以戰漢古玉視之，這個斷代觀念當時很少被人反駁，是因為這地區在春秋晚期處於吳王夫差、越王勾踐相互攻伐的兵戎地域。這個錯誤觀念，長期以來使我們對許多出土的文化期古玉，作出錯誤的斷代。就良渚文化而言，這個地區的特色及原始信仰（包括生活習俗、墓葬制度等）的演進，對我國玉器文化的形成，有著極大的影響力，但數千年來，我們一直錯誤認為：中原的燦爛文明才是周邊文化的啟蒙主。

從發掘出土的良渚玉器，其中代表性的有：琮、璧、鐲、柱形器、冠形器、三叉形器、錐形器、璜、斧鉞等，下面介紹一些代表良渚文化的玉器，瞭解這些玉器特徵對我們判定良渚文化玉器真偽就會產生一定的標準。

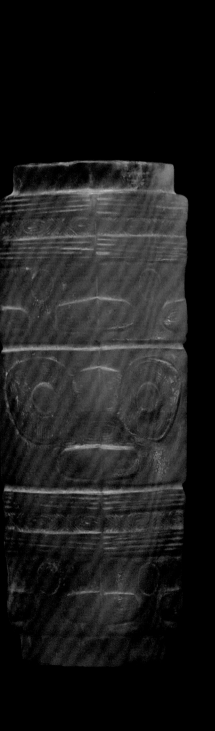

一、玉琮

　　琮是良渚文化玉器中體積最大的一種，清乾隆皇帝對這種玉器毫不知情，自行考證取名為「槓頭」，以為是用於漢代車軸上的部件，還命玉匠刻上《題漢玉輞頭瓶》詩文，直到清末吳大徵作《古玉圖考》，才將此類玉器，正名為「琮」，並依據古籍所載：「----黃琮禮地----」，認為是六器之一，是祭祀的禮器，但對玉琮上的紋飾，都以「出戟」視之，認為是周禮所記的「駔」，也以上小下大的錯誤方式放置。

　　因此有關玉琮上獸面紋紋飾，就一直被湮沒在專家手中，直到良渚文化墓葬陸續出土，玉琮上的獸面紋才被人們發現，雖然從墓葬放置的位置看，似乎有某種宗教儀式意義，但玉琮的含意與用途，至今仍是一團迷。

圖 046 / 014
良渚文化｜三節琮型瑪
高 6.3 公分

從出土的玉琮觀察可歸納幾個特徵：

（1）長方柱體，兩頭有射，中心貫穿，外方內圓，一端略大，一端略小，直角大於九十度。

（2）以四方邊角為獸面紋飾的中線，這在任何種類的文化圖騰造型上都屬非常特殊。

（3）在良渚文化中，玉琮的選材較佳，絕大多數屬於閃玉類。

（4）由多節組成，有一、二、三、四、五、七、九、十一、十二、十三、十五、十七、十九節等，目前已知最多為十九節，每節以四角作為獸面紋或神人紋，有較繁複的，也有較簡化的，簡化的可以窺視出其紋飾有依循一定的規律。

無論是發掘出土或是傳世的良渚文化玉琮，幾乎都雕刻有繁簡不一的獸面和神人組成的神人獸面紋，有的玉琮上還有鳥紋，從整體畫面的配置部位看，鳥紋只是神人獸面紋的一種陪襯和輔助。

另外的斜弦、直弦紋和排列整齊的卷雲紋，那是神人華蓋狀冠飾的簡化形態。由此可知神人獸面紋就是良渚玉琮的裝飾主題，並成為良渚文化玉琮的標識。

圖 049 / 139
良渚文化 ｜ 神人獸面紋兩節玉琮
高 5.8 公分 射徑 9.3 公分

圖 053 / 017
良渚文化｜神人獸面紋 17 節玉琮
高 45 公分 射徑 9 公分

圖 039 / 004
良渚文化｜五節神人獸面紋三角玉琮
高 13.8 公分 射徑 5 公分

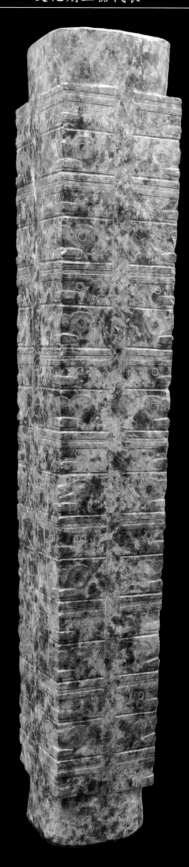

二、玉獸面紋玿

　　此類玉雕體形不大，高約 3 至 8 公分，橫寬約 1.5 至 2 公分，形似上大下小的方柱體，中有上下對穿圓孔，四邊直角略大於九十度。玉表琢有複雜或簡略的神人紋或神人獸面紋，這些紋飾為典型良渚玉器的圖案，即以方形的邊角為中心，兩側雕以眼、額、鼻、口組成的神人紋或獸面紋。此器形雖小，仍製成上大下小的型式，顯示屬於良渚玉琮的標準型式。但在器形與紋飾分配的比例上，與多節的大玉琮稍有不同，就是獸面紋的比例較玉琮有明顯拉長的感覺，應為此器形的特殊設計，此玿方形有孔可穿繫，故亦可稱為「方玿」。

　　玿有圓玿、方玿之分，據馬家濱文化出土各類骨管，其過程是從圓玿走向方玿，至春秋戰國時期，佩戴、使用玉玿蔚成風氣，此時的玉玿又有束腰玿、橄欖玿及裝飾有淺浮雕、高浮雕等紋飾的各型玉玿，可說已達到雕琢玉玿的最高峰。

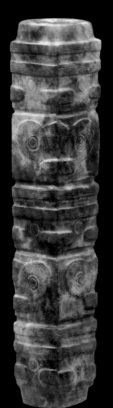

圖 041 / 006
良渚文化｜五節琮型玿
高 9.2 公分

圖 040 / 005
良渚文化｜三節琮形玿
高 6 公分

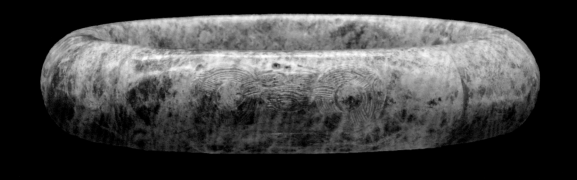

三、玉獸面紋鐲

　　此器形類似現代的手鐲，原是臂飾的一種，外型有圓形與方形兩種，厚度有寬有窄，高度有高有低，孔徑均為圓形。

　　方形鐲外部用減地雕法凸起四個折角長方形塊，方角大於九十度，以方形邊角為中心，兩側雕以簡略的神人紋或獸面紋，外形類似一個矮琮，所以又稱「琮鐲」。

　　圓形鐲有光素無紋的，也有使用減地雕法使神人紋或獸面紋浮凸於器表的。

圖 038/ 003
良渚文化｜青玉琮鐲
射徑 9.2 公分
此種玉獸面紋鐲，神人紋或獸面紋的比例經過精心設計，與玉琮不同，它的圖騰被壓縮以配合玉鐲之高度

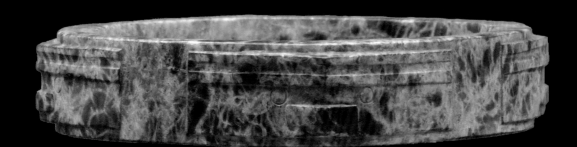

圖 042 / 008
良渚文化｜獸面紋冠飾器
長 10.4 公分 高 5.2 公分

四、玉冠形器

作片狀體，上邊有兩凹形缺口，形成中間凸出一脊，脊下有橢圓形、圓形或長圓形鏤孔，下端鋸割出扁榫，榫上有二或三個等距的小圓孔。

有的一面有紋飾、有的兩面都雕有紋飾，也有光素無紋的，紋飾都是用減地法雕琢出浮凸的獸面紋，再用細陰線刻出眼、鼻、嘴各部位，除重環眼的雙眼外，各部位均以陰線裝飾圖案，有些獸面紋較為繁縟，有些簡略，整體製作都很規整，表面琢磨光滑精緻。

五、玉錐形器

　　有圓柱形及方柱形兩種，一般長約五至十五公分，也有超過三十公分的。

　　圓柱形的錐形器大都有一對以淺浮雕琢成雙圓圈組成的目紋，少數也有光素無紋的。

　　方柱形一端方尖，一端作成圓形榫，榫上有對鑽圓孔，柱身分為數節，每兩節組成神人獸面紋，也有每節獨立飾神人紋或獸面紋，相鄰的兩組獸面紋共用一眼，也就是方柱體的每一面僅刻一眼。

圖 048 / 016
良渚文化｜神人獸面紋錐型器
長 19.7 公分

良渚文化玉器特徵

通過上個章節的良渚文化玉雕，可歸納出代表良渚文化玉器的工藝特徵：

一、玉質

通常出土的玉器，由於幾千年被埋藏在地下，器表往往失去原有半透明的潤澤感，變成不透明的粉白色，這是「受沁」、「土蝕」或「質變」的現象，與墓葬方式及坑口有直接的關係。許多傳世的玉器，由於受到人為的把玩，同樣無法窺見古玉的原貌與質感。

從良渚一帶的墓葬出土玉器現象分析，有些玉器在入土後，有火燒墓壙再行覆土的情形，此類玉器，由於覆土後在缺乏空氣的高溫下，玉中水分子受熱蒸發（結構水被破壞），出土多呈雞骨白顏色，這使我們知道墓葬習俗中的「燎葬」風俗流行於良渚文化時期。

良渚文化經正式發掘出土而玉質沒有受到太多沁蝕的玉件，只有福泉山玉器群中的一批玉琮了，這些玉琮至今仍保留著晶瑩質感，應是大部份保留入土前的原有風貌。其餘玉器大部份外表已經沁蝕成粉白色，少數還留有玉質原貌，從這些未被沁蝕的玉器可以分辨玉質多為角閃石，顏色有青色、青綠色、墨綠色、碧綠色、黃綠色、湖綠色、青白色、土黃色等。

圖 036 / 001
良渚文化｜玉匙
長 18 公分 寬 4.6 公分
褐黃色玉質

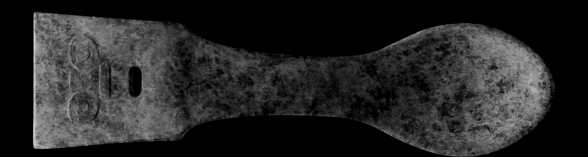

圖 052 / 283

良渚文化｜三節神人紋玉琮

高 7.4 公分　射徑 6.1 公分

青白色半透明玉質

二、切割工藝

良渚文化在玉材的「開料」運用了以筋、弦等柔性材料作弧形運動為特徵的線切割，以及以片狀硬性物件的直線運動為特徵的鋸切割兩種方法。線切割和鋸切割的痕跡不同，因為兩者作用力的方向不同，線切割的作用力表現為向心性，不時留下凸弧形的錯痕。鋸切割的作用力表現為平行線性，用力方向指向平切的高低線痕。其次是線切割由於兩端牽引力不可能始終保持在同一水平線上，而往往呈現波浪形的高低起伏，鋸切割在工具的有效平切方向下不會出現波浪形的起伏面。

另外不少學者研究認為良渚玉器的製作工藝，已經出現了琢玉的專用工具－砣具，但從良渚玉器的開料工藝中，目前還沒有發現使用砣具的證據，因為線切割和砣切割的痕跡不同，首先兩者作用力的方向不同，砣切割的作用力表現為離心性，用力方向指向圓弧的外緣，在砣具的有效半徑內不會出現波浪形的起伏面，線切割時可能留下近似拋物線的痕跡，砣切割只能出現等徑圓，而絕不會留下拋物線；從良渚遺址中未發現有等徑圓的開料痕跡，所以目前我們認為良渚文化尚未使用砣具。

三、鑽孔工藝

良渚文化玉器是以兩面對鑽為特徵的管狀鑽，也有單面的桯鑽，桯鑽多用於片雕玉飾，凡是有對穿鑽孔的管珠，大部份是貫穿件，有象鼻狀燧孔的，大都是配掛件或縫綴件。

鏤空法是先以管鑽配合線切割組成「搜法」，是運用於鏤孔玉件和透雕紋飾的主要技藝。

四、紋飾

良渚玉器的紋飾構圖上講究對稱，即使最簡單的圖騰，仍然一絲不苟，反映出當時人們對它的尊崇。有些良渚玉器如琮、柱形器、方勒、冠形器、三叉形器、璜等，都雕琢精美的紋飾，這些紋飾大都以減地法淺浮雕和陰刻線相結合的技法雕琢獸面紋或神人獸面紋，有的還加琢鳥紋。這些以纖細的陰線組成的花紋，主要是徒手的直接雕刻。用四十倍顯微鏡下觀察，這些細如毫髮的陰線往往由若干條劃痕拼組而成，也就是徒手重複刻劃同一條陰線，和砣具雕琢是明顯不同的。

繁複而密集的陰線刻劃、生動的減地淺浮雕，與打磨成光可鑑人的玉表，以及神秘的圖騰是代表良渚文化琢玉工藝的最高水平。

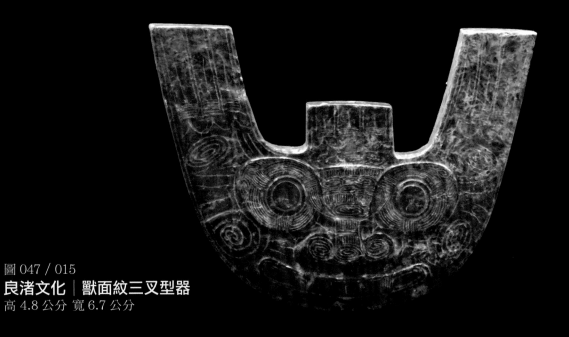

圖 047 / 015
良渚文化｜獸面紋三叉型器
高 4.8 公分 寬 6.7 公分

圖 043 / 011
良渚文化｜神人獸面紋兩節玉琮
高 5.4 公分 射徑 18 公分
左側為鳥紋；右側為神人獸面紋
附神人獸面紋純紋飾示意圖

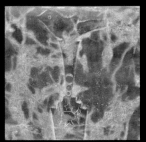
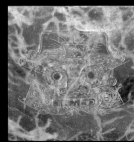

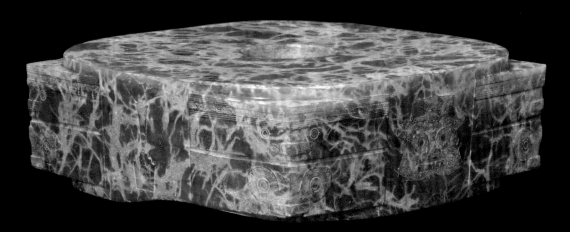

五、沁痕

　　大都沁蝕成白色、灰白色、乳白色，有些未完全沁成白色的玉器會沁成褐色、黃色、黃褐色及泛青色等，這些玉器表面會有灰白色筋狀條斑、褐色花斑、灰黃色塊斑等。

　　有些色彩斑爛絢麗的玉器，受沁程度較輕，較多地保留著玉材的質感，並呈現出灰白色網狀脈絡與濃淡不一的塊斑，形成疏密有致的圖案。

圖 051 /271
良渚文化｜大璧
直徑 20.8 公分
表面有灰白色筋狀
條斑、褐色花斑、
灰黃色塊斑等

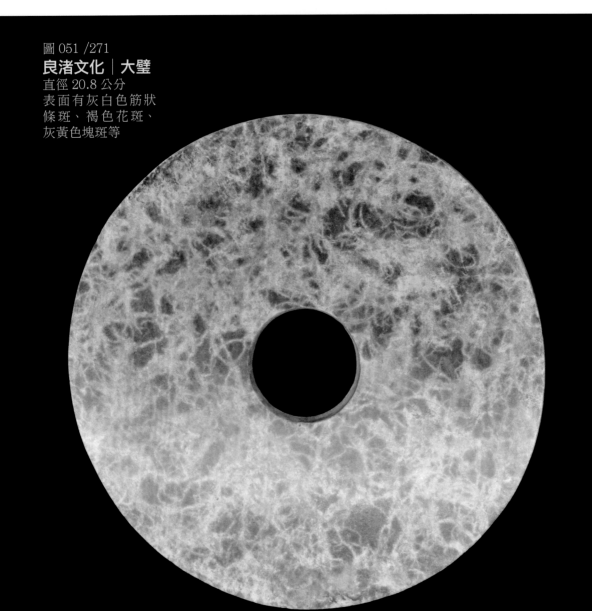

結語

　　良渚文化時期是否有文字出現，目前尚無明確的結論。

　　玉器的流行是在良渚文化的早、中期，年代約與大汶口文化同時，但在山東省莒縣凌陽河等地發現的大汶口文化陶器上已刻有文字或符號；無獨有偶，在中國歷史博物館收藏的良渚十九節玉琮，在玉琮上端射部也發現有類似符號的文字，與大汶口文化晚期莒縣凌陽河陶文相似，同時此玉琮也是已知方柱形玉琮中節數最多的一件，較台北故宮博物院所藏的十七節良渚玉琮高出兩公分。

　　在良渚文化時期，出現若干與巫術活動有關的某種符號或文字的可能性也不是沒有，因此不妨將良渚文化時期看作文字出現的前夕，這個時期，也就是人類文明曙光即將到來的階段。

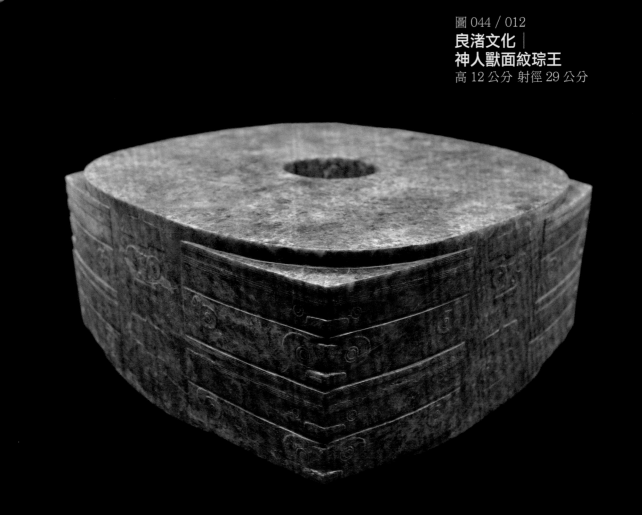

圖 044 / 012
**良渚文化 |
神人獸面紋琮王**
高 12 公分 射徑 29 公分

圖 090 / 387
商代｜片雕玉龍
長 4.3 公分

第六章 商代玉器

商代玉器的分期

　　商的始祖契，有簡狄吞玄鳥而生契之說，故商族以玄鳥為圖騰，契因助大禹治水有功，被舜任為司徒，掌教化，封於商〈今河南商邱〉，傳十四世至湯，勢力強大，滅夏後建立商王朝。其時黃河流域洪水泛濫成災，商朝都城一再遷徙，至盤庚時期，商遷都於殷〈今河南安陽小屯〉，因此商朝也稱「殷商」。商遷都殷後，社會安定，文化與經濟都發展迅速，到武丁時國力強盛，曾征伐鬼方與荊楚，致使奴隸團隊不斷擴大，從這些團隊分離出來的專業手工藝奴隸人數愈來愈多，尤其是青銅器鑄造及玉器雕琢技藝得到快速的發展，至商代晚期達到一個高峰期。

　　商代的考古發掘報告與古文獻記載有許多地方是相吻合的，目前學者將商代玉器分為早、中、晚三期。

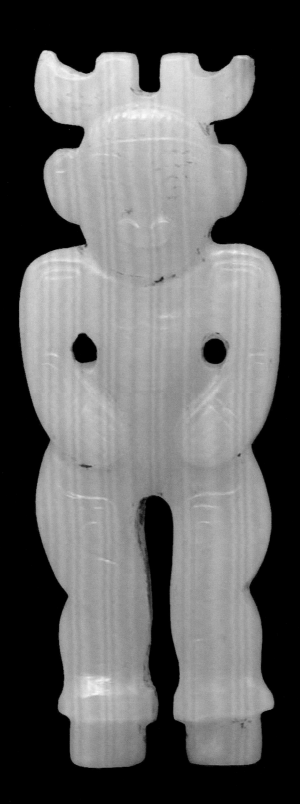

圖 089 / 381
商代｜白玉立人像
高 6.3 公分

一、商早期

以二里頭文化第四期為代表的商代早期玉器，主要出土於河南偃師二里頭遺址，數量較少，共約四、五十件，多數是墓葬的隨葬品。

此期玉禮器有圭、牙璋兩種，儀仗類有戈、戚、鉞、多孔刀等，工具類有刀和鏟，武器類有玉鏃一種，其餘有柄形飾、管形飾、長條形飾及璜等數種。

器形多為素面，有的以陰線刻畫出菱形紋、平行斜格紋、平行直線紋。

二、商中期

以鄭州二里岡文化、湖北黃陂盤龍城出土玉器為代表的商代中期玉器，玉器品種及數量均較少，但已具備商代玉器的基本特徵，其琢玉工藝卻都較商代早期玉器遜色。這種反常現象主要原因可能是當時貴族較重視青銅器而輕玉器的緣故。

出土的禮器有璧與牙璋，儀仗類有戈一種，工具類有鏟和鑿，數量都較早期少，裝飾類有長方形飾、柄形飾、璜、筓（音基）等。

器形大都為素面，少數保留有早期的平行斜格紋及受青銅器紋飾影響而出現的聯珠紋與獸面紋。

三、商晚期

商王朝自盤庚遷徙殷後的二百七十年間，考古學界將此一時期定為商代晚期。

此時期玉器工藝得到蓬勃發展，玉器種類也較多，尤其是殷王都（殷墟）出土的玉器，不僅品種數量多且不乏精品，主要以裝飾類為主，如璧、琮、璜、戚、觿、玦、戈、刀、動物形玉飾以及各種管、珠配飾器等。我們收藏研討商代玉器亦是以此一時期為重心，並以婦好墓出土玉器為代表。

殷墟的玉器大多數出土於中、大型墓中，且大部份為墓主人生前佩戴或使用之物，也是代表墓主人身份、地位的標識之一，作為明器的玉器相對較少；小型墓葬區和遺址極少發現有殉人的佩玉和方國的玉器。

這時期出土的玉器以片雕為主，完整的圓雕作品甚少。但婦好墓出土的 755 件各類玉器（內含有少量綠松石、瑪瑙、珊瑚及石器），大部份保存完整，並有不少精湛的圓雕人像與玉雕動物，開闊了我們研究商代晚期玉雕工藝的領域。

圖 084 / 370
商代｜青黃玉圓雕立鴞
高 11 公分

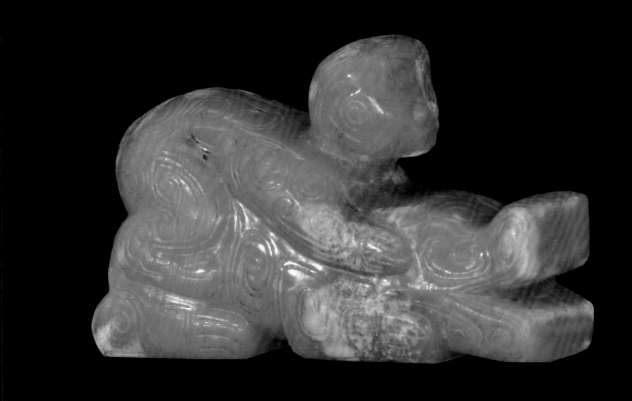

商代玉器質料

　　一九七六年婦好墓發現之後，有關單位曾對出土的玉器中選出約三百件玉器加以初步鑑定，結果認為大部份均係軟玉，少數屬於矽質板岩和大理岩。以青玉質居多數，其次為白玉，青白玉，黃玉較少，這些玉料大體上都是新疆玉。

　　中國科學院地質研究所對婦好墓出土的五件殘玉器作了切片鑑定，結果均屬透閃石玉。另外又對婦好墓出土的三件殘玉器運用紅外光譜及 X 光粉晶測定法進行鑑定，結果認定全屬透閃石玉。

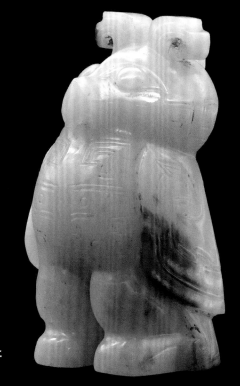

圖 095 / 122
商晚期｜青黃玉龍紋玦
長 12.2 公分
請參考天津博物館收藏商代
青玉龍形玦

圖 100 / 346
商晚期｜白玉圓雕立鴞擺件
高 9.2 公分

　　關於我國古代用玉，其原料產地問題，現代學者多認為，新疆和闐和葉爾羌地方的山上玉礦以及從河川上游沖激而下沉積在下游河谷中的卵形玉是我國古代玉器的原料，文獻上稱開礦所得的為「山料」，在河川下游的河谷中採集的稱為「水料」也稱「籽玉」，另在上、中游採集的玉多稱為「山流水」。

　　此外，河南南陽、密縣，陝西藍田，甘肅酒泉，遼寧岫岩，太湖週圍的山地、天目山脈，以及臺灣花蓮、豐田等地都是產玉的地方，但這些地方所產的玉料，都不屬於透閃石玉料，多屬蛇紋石類，是考古學術界所稱的廣義的玉。

　　從婦好墓玉器的初步鑑定中，有新疆玉、透閃石玉、岫岩玉和南陽玉四種，而多數屬於新疆玉，其次為透閃石玉。

介紹商代出土玉器（婦好墓為主）

一、禮器

也稱「禮玉」，主要用於禮儀與祭祀活動，如敬天的璧，禮地的琮，禮東方的圭，或祭祀用的簋、盤等，有些小件的也可能用作佩飾，以表明佩戴者的社會地位，如環、瑗、玦等。

關於琮的用途，《周禮・大宗伯》稱：「以玉作六器，以禮天地四方，以蒼璧禮天，以黃琮禮地，以青圭禮東方，以赤璋禮南方，以白琥禮西方，以玄璜禮北方，皆有牲幣，各放其器之色」。但從婦好墓出土的玉琮考察，它的用途不能一概而論，琮被用以祭祀大地，祈求大自然的賜予外，琮和駔琮可能還標誌墓主人的身份、地位。

圖 082 / 326
商代｜玉牙璋
長 29.3 公分
附局部

二、武器

　　在商代以玉製成的武器大多形制典雅，大部分屬儀仗用途，目前出土可考的種類有戈、矛、戚、鉞、大刀和玉援銅內戈、玉援銅柄矛等七種，表面無紋飾且都磨製光滑，無使用痕跡。

　　部份較大型的玉戈、大刀作出極薄的邊刃，因質硬而脆，出土多有刃崩現象。

圖 063 / 059
商代｜白玉龍紋大刀
長 28 公分

三、工具類

　　以玉製成的工具磨製都很精緻，且無使用痕跡，可證實是非實用性的工具，出土的實物有斧、鑿、錛、鋸、刀、紡輪、鏟、鐮、柄形器等，應是象徵性的工具或是某種禮儀必備的器具，內涵比較複雜，其中紡輪、少部分的鏟、小刻刀等還具有實用性質，也可能是兼有實用與禮儀兩用的器具。

圖 070 / 072
商代｜白玉獸面紋斧
長 16 公分 寬 4 公分
厚 1.6 公分

圖 087 / 376
商代｜青玉雙饕餮紋斧
高 16 公分 寬 4.2 公分
以玉雕工具代表持有者的身分地位

四、生活用具

在商代以玉製成的生活用具，目前出土的數量很少，器型有研磨硃砂的臼、杵，與儲色器以及髮梳、耳勺、湯匕、藥匕等，皆為實用器。

型制較大的如儲色器、研磨硃砂的臼、杵等多以石性較重的玉石製作，較小件的如耳勺、藥匕則以和闐玉磨製。

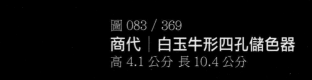

圖 083 / 369
商代｜白玉牛形四孔儲色器
高 4.1 公分 長 10.4 公分

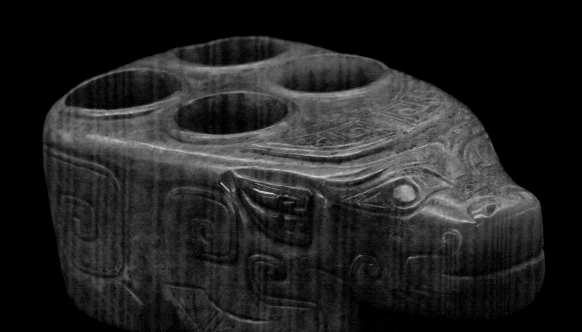

圖 071 / 073
商代｜白玉水銀沁玉龍
長 3.3 公分 寬 3.1 公分

五、裝飾品

　　玉製的裝飾品是商代出土或傳世玉雕數量最多的一項，器型種類有玉璧、玉璜、玉牙璧（大件的玉牙璧作為禮器）、玉笄、玉鐲、玉管、玉珠、玉墜飾、玉釦等以及縫綴在衣飾上的片雕玉器，品類非常齊全，其用途可分為佩戴玉和插嵌玉，如頭飾、頸飾、腕飾、墜飾等，其中不乏雕琢得相當精美的作品，可代表商代玉雕的精華。茲簡述如後：

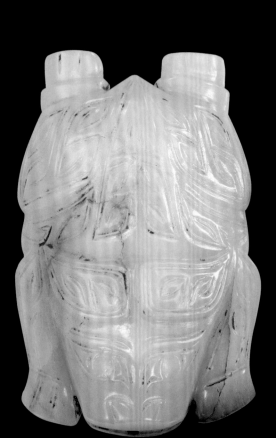

圖 098 / 279
商晚期｜
白玉圓雕女媧形珮
高 5.3 公分
人首蛇身

圖 074 / 176
商代｜白玉祭牛飾
長 8.5 公分 高 2.7 公分
可參考中國社會科學院
考古所藏河南安陽婦好
墓出土商代玉牛

（1）佩戴玉和插嵌玉飾

　　這類玉飾數量較多，取材也很豐富，一般琢雕都很精細，造型、線條優美，除玉笄、玉鐲、玉管、玉珠、玉璧、玉璜等佩玉外，主要還有人像、人頭像、各種寫實動物形象和某些神話性動物形象。一般用作佩戴的玉其上有小孔或鼻穿，可佩戴。插嵌玉飾則有外伸的短榫，可插嵌於它物上，多為片雕或半圓雕，圓雕較少，紋飾以浮雕居多。

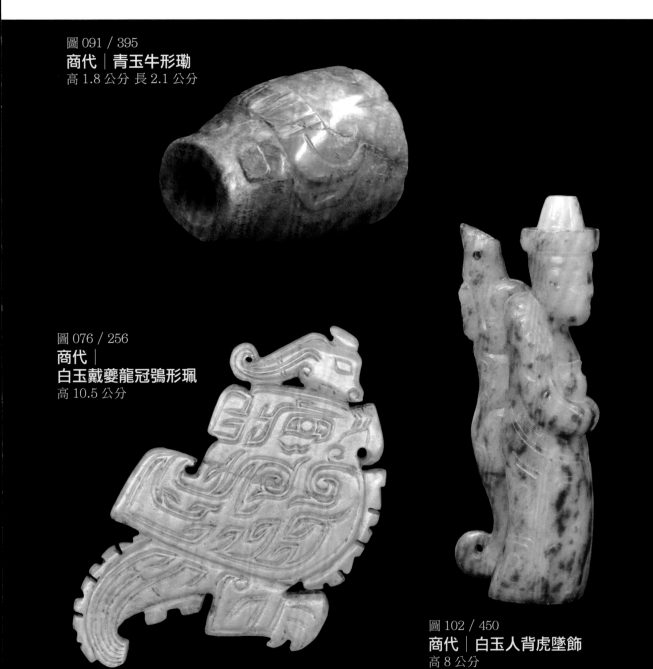

圖 091 / 395
商代｜青玉牛形玚
高 1.8 公分 長 2.1 公分

圖 076 / 256
商代｜
白玉戴夔龍冠鴞形珮
高 10.5 公分

圖 102 / 450
商代｜白玉人背虎墜飾
高 8 公分

（2）人像和人頭像

此類人像和人頭像少數有石製的及玉石不辨的材質外，多數為玉質製作。

圓雕的人像都作跽坐狀，以陰線刻劃雙手撫膝，人體比例適當，也有個別的頭部偏大，臉部形象各異，有圓臉、長臉、猴臉等；面部表情也不盡相同，或直視前方，或低頭作沈思狀或無奈狀；衣著有華麗的（代表奴隸主）有簡樸的（代表平民），也有無衣（僅懸蔽䣛）赤腳的（代表奴隸）。商代玉人形態概略如后。

商代人階級劃分得非常清楚，從出土的玉人資料可知階級分為統治者、巫醫、貴族、平民及方國百姓、戰俘、奴隸等六種，表現在圓雕人像的形態上均不相同。貴族、平民姿勢均作「跽坐姿態」也就是雙手撫膝，足趾著地，臀部坐腳踵上，戰俘、奴隸人像多作「跪坐姿態」即手臂向上拳曲，足趾著地，臀部離腳踵有些距離，身體重心稍放在前。統治者及巫醫多作站立像，另有一種姿勢作蹲踞形，多裝飾於圓雕玉熊。

圖 075 / 227
商代｜白玉跪坐人像
高 4.2 公分

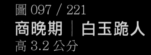

圖 097 / 221
商晚期｜白玉跪人
高 3.2 公分

　　當然衣服的裝飾也有分別，統治者的衣著如侯家莊大墓出土所報導：「身著大領衣，衣長蓋臀，右衽，腰束寬帶，下身外著裙，長似過膝。脛縶裹腿，足穿翹尖鞋。衣之領口、襟緣、下緣、袖口緣有似刺繡之花邊，腰帶上亦有刺繡之紋。裙似『百褶』亦有繡紋」。巫醫服飾為：「後領較高，長袖，窄袖口，衣下緣似及小腿，衣上繡蛇紋和雲紋，但前領不顯，似敞襟，胸部有獸面紋」。貴族為：「一種為交領長袖，窄袖口，腰束寬帶，衣的下緣及踝部，衣上繡雲紋」。奴隸則為赤身或腹前僅懸有「蔽郤」。

　　商代人像只有身份較高者才有冠飾，其式樣有五種，第一種為筒形高帽，此式見於安陽的一件作站立狀的玉人，應為統治者，第二種為「平頂」冠，有較高或較低的，第三種為在冠的中部安飾一魚尾形裝飾，第四種為用布圓箍狀，圍頭部一周，用以束髮，第五種在圓箍前附加一個繡有花紋的筒狀飾，以上第四種為商朝子民裝飾，第五種應為貴族裝飾，第二種與第三種為文武官員冠式。

　　商代社會階級較低的人一般均無冠飾，以髮型代表不同的社會階級，髮式也有五種：第一種在右耳後側梳理編成長辮一條，由頭頂盤後腦一周，最後將辮梢壓在辮根下；第二種在頭頂中心梳理編成短辮一條，辮上縛以髮繩，垂於後腦；第三種在頭頂留短髮梳垂於四週；第四種在頭上梳兩個上翹的角狀髻，左右對稱，宛如帽飾；第五種在腦後梳一條下垂的髮髻。梳理以上髮型的人像除第四種在頭上梳兩個上翹的角狀髻，可能是社會階級較高的巫醫，其餘不外是男性奴隸、童奴、陰陽人、或雜耍藝人。

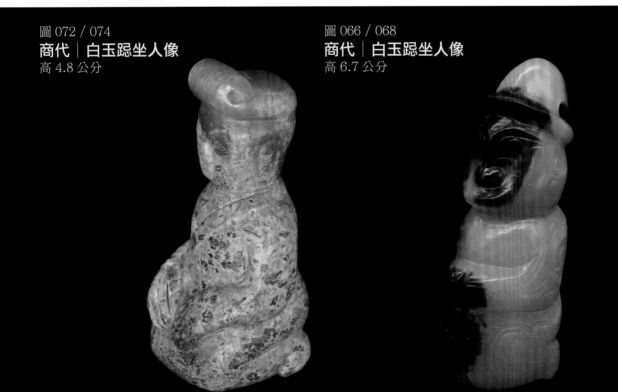

圖 072 / 074
商代｜白玉跽坐人像
高 4.8 公分

圖 066 / 068
商代｜白玉跽坐人像
高 6.7 公分

（3）寫實性動物

　　寫實性的動物種類繁多，都是人們日常所見的動物，有草原動物如虎、象、熊、鹿、猴、鸚鵡、鶴、鷹、鴟鴞、燕、鳥等，有飼養的牲畜如馬、牛、狗、兔、羊、鵝等，有江河溪流的動物如魚、鱉、蛙、龜等，也有昆蟲類動物如螳螂、蟬、蚱蜢等，造型優美，型態栩栩如生，極富生活氣息，反映出人們對某些動物的喜愛，也反映出當時匠人對動物世界的細微觀察。

　　在這些極富生態的動物作品中，多以半浮雕或片雕裝飾為主，圓雕較少，在其他商代墓葬或傳世品中也極少發現有圓雕動物作品。

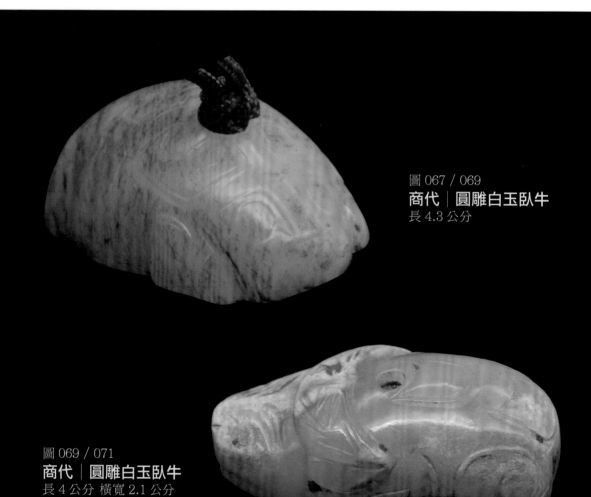

圖 067 / 069
商代｜圓雕白玉臥牛
長 4.3 公分

圖 069 / 071
商代｜圓雕白玉臥牛
長 4 公分　橫寬 2.1 公分
高 1.7 公分
和闐水料

圖 093 / 054
商晚期｜白玉虎
高 2.3 公分　長 8.5 公分

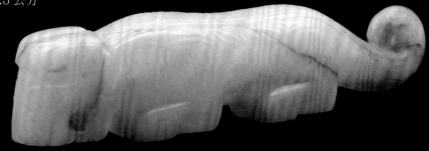

圖 064 / 066
商代｜白玉臥羊
長 9.4 公分
橫寬 2.9 公分
高 4.1 公分

圖 068 / 070
商代｜白玉蹲踞熊
高 3.5 公分　寬 2.7 公分

（4）神話性動物

　　玉雕的神話性動物數量較少，以現今人們的眼光觀察，應是當時人們想像出來的動物，用以鞏固神權思想，主要有龍、鳳、鴞鳥、神獸和鴞鳥馱龍等形象。這一類的動物玉質都較好，琢雕精細，以圓雕較多，其次為半圓雕，紋飾多以鐵線紋裝飾。

　　講到商代玉雕藝術品，不得不提到商代青銅禮器，商代青銅禮器是統治者祭祀時，作為人、神或人、鬼溝通的重要工具，所以這些神話性動物藝術品的製作，必是透過統治者的思維，或是透過占卜的程序，繼而經過嚴密的監督與工匠精湛的技藝始能完成，這也是出土與傳世稀少的原因。

　　婦好墓出土的玉龍多作伏臥狀或蟠捲形，與紅山文化中的玉龍有明顯區別，另一九七七年河南省安陽市孝民屯南七○一號墓出土一件豬龍卻與紅山文化中的玉豬龍型態非常相似，顯示龍從新石器時代到東周時期，其間的商代扮演著一個過度的角色。

圖 094 / 091
商晚期｜白玉蟠龍
高 5.7 公分　長 7.1 公分

六、柄形飾

　　這類出土的數量不算少，傳世的也屢有出現，在宋明時期稱琴撥，多作扁平長條形方體，兩端平齊，近頂端兩側內斂，有的中心對鑽穿孔，器表多以弦紋裝飾，也有淺浮雕蟬紋，有的下端有短榫，它可能是一種佩戴裝飾品。至於琢有短榫的，應是一種插嵌飾物，鑲崁後可作為器物的把手。

介紹商代玉器主要紋飾

一、眼睛紋──臣字眼

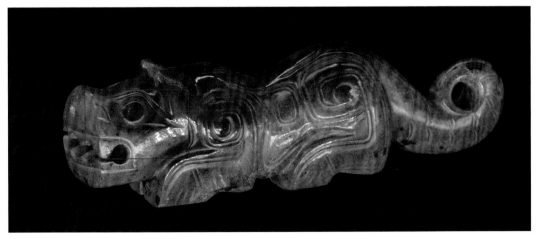

二、額頭紋——菱形紋

三、角紋——磨菇角

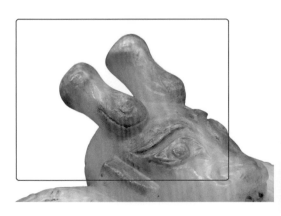

三、耳紋──C字紋或雲紋

四、箭形紋──突出之裝飾紋

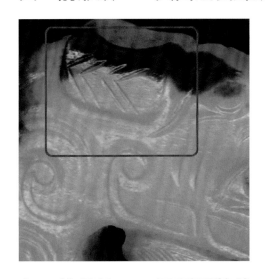 

六、椎骨紋──又稱盾牌紋，裝飾於頸、脊、尾部

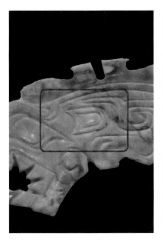 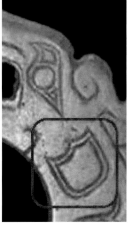 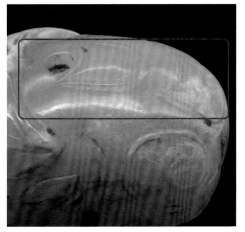

七、肢體關節紋——裝飾於動物前後腿部

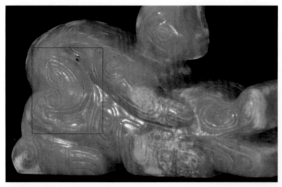

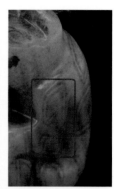

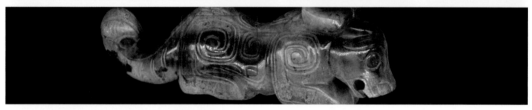

八、胸紋——亦稱心形紋，一般裝飾於正面

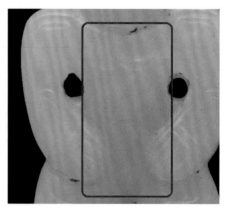

九、背紋——亦稱卯字紋，一般裝飾於動物的背部

十、扉稜紋──亦稱背脊紋
　一般裝飾於動物背脊、冠部或刀的背部

十一、足部陰線紋，一般裝飾於動物前後足部

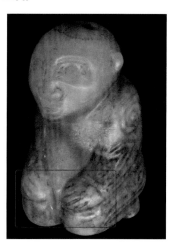

十二、齒形、魚尾形，一般裝飾於動物尾部或身軀
　　（起源於商晚期，盛行於西周）

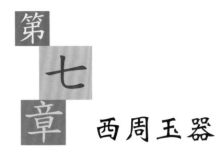

西周玉器

介紹西周傳世與墓葬玉器

　　在商代晚期位於商王朝西部（今陝西、甘肅一帶）的一支姬姓部落經常受戎狄的侵擾，舉族遷徙至周原。周族傳至文王國力日強，成為殷商西方強大的諸侯，商紂王感到威脅，一度以文王為人質，周臣用美女、美玉、珍寶進獻商王，紂王才放回文王，文王回到國內後便積極準備伐商，但終究沒有達成，傳至武王時，認為伐商條件已臻成熟，便令諸侯集結兵車四千乘、士卒四萬餘人、虎賁士三千餘人，與商紂王大戰於牧野，完成滅商的使命，建立了西周王朝，定都於鎬京。

　　西周是由西向東發展的民族，其地理位置相較於商是比較容易採集到和闐玉的一個族群，所以在當時能有較多的美玉來贖回周文王。早期周的玉文化是依附商文化發展起來的，西周早期的玉雕器型很多與商晚期的形式、紋飾相近，如它繼承殷商時期的細雙陰線紋，發展出自己風格的細陰線與斜面組成的紋飾，即所謂的「大斜刀」、「小斜刀」。

　　西周玉器，流傳於國內外與發掘出土的數量相當多，有些玉質和雕琢技藝甚為精美，並有明顯西周的時代風格和鮮明特點，也有些有商晚期的遺風，更有些透露著春秋早期的風味。

　　近五十年來出土西周玉器數量較大宗的有陝西寶雞茹家莊「弓魚」國墓地和河南三門峽虢國墓地，其中以陝西省出土最多。在黃河中上游一些方國和偏遠地區，如寧夏固原孫家莊、甘肅靈臺白草坡、四川成都指揮街、安徽屯溪市郊、山東濟陽劉臺子，以及浙江衢州西山、福建南安大盈等，都是西周玉器出土的幾個主要地方，雖然出土地點相去百千里之遙，其造型、紋飾、雕琢工藝與風格，基本上是相同的，這對我們判斷玉器真偽與年代是一個重要的參考資料。

圖 111 / 162
西周｜白玉回首龍
長 11.7 公分 高 3.1 公分

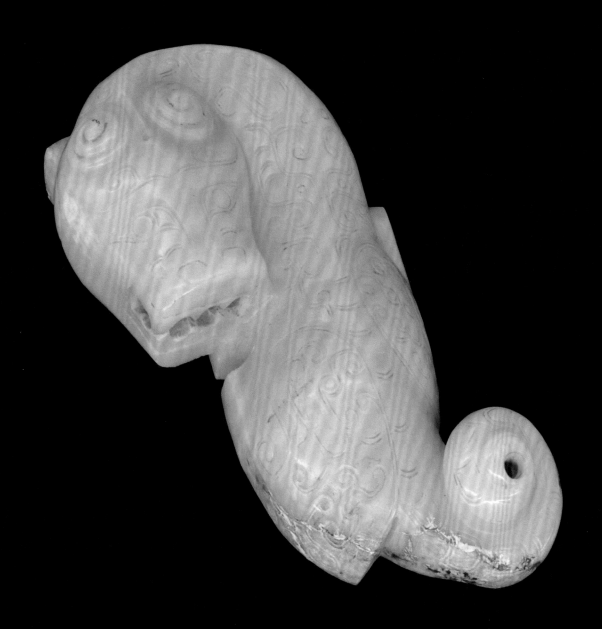

西周玉器的質料與品種

一、西周玉器的質料

　　西周的屬地就地理位置來說，是比較容易獲得和闐美玉的地方，當時仍認為玉是「石之美者」，所有用玉都以此為標準條件，故挖掘出土的西周玉器除白色、青白色、青色、墨色、碧綠色、青黃色、黃色等和闐玉外，尚有藍田玉、瑪瑙、水晶、煤精、綠松石等，以及許多暫時尚未識別產地的地方玉材。

　　出土的玉器除白化、質變外，受沁的顏色有灰色石灰沁、褐紅色土沁、青銅綠沁、黑色水銀沁等，少數也有星點狀的灑金沁以及堅不受沁的白玉、青白玉、青黃玉等。

圖 127 / 350
西周｜白玉魚
長 6.9 公分

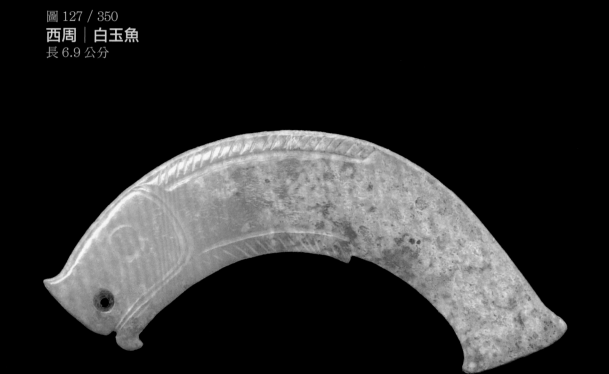

二、西周玉器的種類

西周早期玉器工藝沿襲商代傳統的雕琢手法和風格，之後逐漸創造出西周自己特有的風格。

西周玉器種類主要可分為禮器類、儀仗類、工具類、裝飾品、殮葬用玉等五類，茲簡述如後。

（1）禮器類

禮器有琮、璧、璋三種。

琮有大、小之分，形狀均為外方內圓，多數光素無紋，少數有雕琢紋飾，如陝西省長安縣張家坡村出土的鳥紋琮。璧也有大、小，厚、薄之分，多數光素無紋，少數也有雕琢紋飾的，如北京故宮收藏的雙龍紋璧，直徑有 16.1 公分。

西周時代的玉璋出土甚少，目前僅見於四川廣漢中興鄉出土的青灰色玉牙璋，其柄呈長方形，首端出尖，一尖略長，中間開凹弧狀，邊有兩組出戟扉稜，其間刻陰線紋。

圖 116 / 237
西周│青黃玉龍鳳合體珮
高 5.9 公分 寬 10.3 公分 厚 0.5 公分

圖 119 / 251
西周｜白玉人龍合體珮
高 11.2 公分

圖 115 / 236
西周｜青黃玉人龍合體珮
高 4.92 公分 寬 4.2 公分 厚 0.3 公分

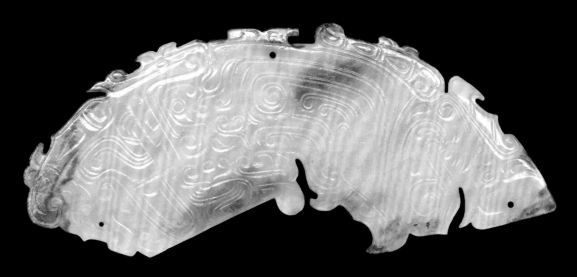

圖 121 / 253
西周｜白玉人龍魚合體璜
高 13.2 公分
可參考 Nelson 藏

圖 123 / 260
西周｜青黃玉雙龍珮
高 5.3 公分 寬 9.3 公分
可參考中國國家博物館收藏西
周晚期 1957 年河南三門峽上村
嶺虢國墓地出土透雕龍形飾

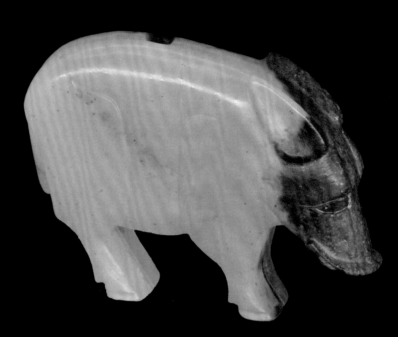

圖 114 / 231
西周｜青白玉豬形珮
長 3.9 公分

圖 122 / 257
西周｜白玉人形珮
高 10 公分
可參考山西博物館收
藏西周玉人

圖 110 / 137
西周｜黃玉龍紋環
直徑 10.9 公分
可參考山西博物館收
藏西周龍紋玉環

（2）儀仗類

儀仗類目前發掘出土的僅有戈、戚兩種，以玉戈的數量較多，多數刻有紋飾，一般刻以人獸合體及加琢鳥紋的紋飾較普遍，早期也有光素無紋或飾以簡單的陰線紋。玉戚也有大小之分，小件的多作為佩飾或殮葬用，大件的作為儀仗，手持戚仗表示統治者權威或軍事指揮權。戚的形狀有片狀長方形及片狀橢圓形，鑽有一孔，兩側有齒牙，下端為雙面刀，刃略呈弧形。

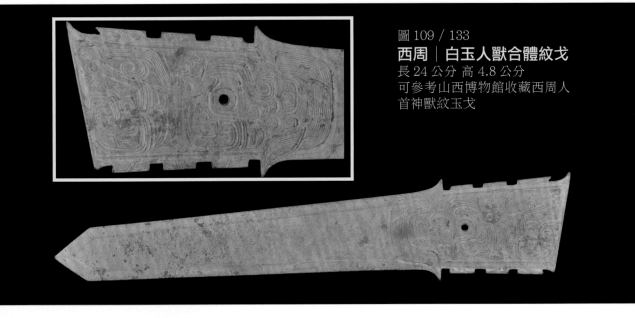

圖 109 / 133
西周｜白玉人獸合體紋戈
長 24 公分 高 4.8 公分
可參考山西博物館收藏西周人首神獸紋玉戈

（3）工具類

工具類有刀、錛、鋤、匕、觿、鑿、鏟、儲色器等，此時文化期的七孔、五孔玉刀都已消失，西周玉刀多為雕刀，兩面雕有精美紋飾，可作為裝飾用或餽贈用，山東省濟陽縣在一九八〇年徵集到一件玉鳥紋刀，兩側均有齒牙，下端磨成雙面刃，兩面皆以雙勾陰線雕琢直立鳥紋，紋飾精緻，線條流暢，如以鑑定角度觀察真偽，即使以現代電腦照相雕刻複製，也無法望其工藝之精髓。

玉錛、玉鋤、玉匕、玉觿、玉鑿、玉鏟、玉儲色器，除了玉匕、玉觿、玉儲色器雕有紋飾且多作實用器外，其餘玉錛、玉鋤、玉鑿、玉鏟大都光素無紋飾，一般不作實用器，僅作為祭祀時代表工具的祭祀用器。一九六四年河南省洛陽市龐家溝出土一件玉牛形儲色器，器作臥牛狀，紋飾樸實，雕工精美，上有四圓孔，供儲色用，應是盛裝貴族、巫醫或貴族婦女裝飾臉部用的塗料。

圖 112 / 165
西周｜人獸合體紋玉戈
長 21 公分

圖 105 / 076
西周｜白玉人獸合體璜
長 11.8 公分 寬 2.2 公分

4、裝飾品類

　　裝飾品類在西周玉器中屬於品種比較齊全、數量較多的一類，此時冶金技術達到巔峰，金屬工具普遍使用，王室用的玉器必有完善而犀利的金屬工具，在琢製技術上自然有很大的進步。以圓雕、透雕為主，並結合浮雕、陰刻工法，創造了商代以來玉雕技藝的另一個高峰期。但不解的是西周墓葬出土的玉器，除了少量的玉管、玉琮、玉人與玉牛、玉虎、玉龜等動物形象為圓雕外，所見大都是片雕，題材多為鹿、兔、禽、獸、魚、蟲等，少部份是半圓雕，如玉龍、玉鵝、玉蠶、玉牛首、玉馬首等。

　　裝飾品類的佩飾是指人們身上佩戴的飾物，此類品種豐富，造形齊全，如髮飾用的笄子、髮箍，耳部的玦，頸部戴的串飾以及身上佩戴的玉璜、玉管、玉珠、玉龍、瑪瑙、衝牙等組成的組珮飾等。佩戴的串飾可視組成組珮的飾品其質量高低、數量多寡，可反映出其主人的身份、等級。

　　裝飾品類中的柄形飾，在商晚期及西周早中期較常出現，中期以後就不見蹤影，形狀為厚片長條形，也有方柱形，多刻夔龍、鱗紋、竹節紋、弦紋、陰線紋，也有陰刻龍紋或光素無紋的。

圖 107 / 079
西周｜白玉龍紋束腰瑁
長 6.2 公分

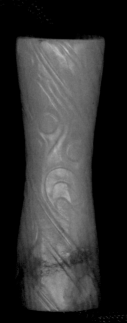

圖 104 / 055
西周｜白玉立人像
高 8.5 公分　橫寬 3 公分
深 2 公分

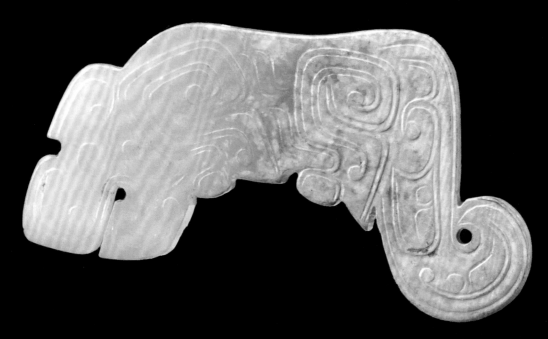

圖 125 / 321
西周｜白玉虎形珮
長 7. 2 公分

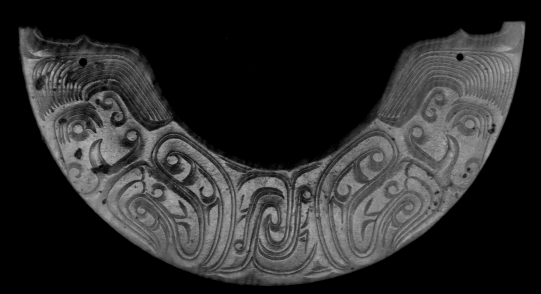

圖 106 / 077
西周｜白玉人獸合體璜
長 12 公分　寬 3 公分　厚 0.6 公分

圖 113 / 166
西周｜青黃玉龍首珮
長 9.7 公分

圖 117 / 245
西周｜白玉鳥紋柄型器
高 12 公分 寬 3.3 公分

5、殮葬用玉

殮葬玉，有些墓葬對殮葬玉較為講究，依斂葬玉放置的位置可分成面罩、胸飾、腰飾三部份。

面罩由象形的臉龐、印堂、眉毛、眼、耳、鼻、嘴的玉片，這些玉片都有鑽孔，可以縫綴在黑色紡織物上，也就是文獻中所記載的「幎目」。面罩的玉片少則七片，多則可達十餘片。

胸飾由數塊玉璧、玉玦，以及一、二百餘個綠松石、瑪瑙管、珠組成的主體，分置於胸上，也有的放置數塊玉璧於胸部對稱的兩側，紋飾多為大尾鳥紋。

腰部則以金質的圓環、方環與片雕動物玉飾組成帶狀腰飾。

胸部、腰部的玉飾，都是墓主人生前所用，死後殉葬，大都紋飾精美，玉質溫潤。胸飾、腰飾都縫綴在紡織物上。

以當時的殮葬思想認為美玉可保死者屍體不腐與靈魂轉世復生的觀念，也可以說是玉衣制度的濫觴。

西周玉雕技法的特點

　　周族以農立國，在商代眾諸侯中，是一個比較崇尚儉樸的，滅商之後，周王室獲得了商朝歷代留下的大量財富、玉料，並承襲商代部份典章制度，從中擇優施行，教化商民崇尚儉樸，屏除奢侈。周在商王朝還虜獲大量擁有專業技術的工藝師、藝匠、奴隸、及領導藝匠的管理人員，如冶金、鑄銅、刻石、製骨、製漆、開料製玉等人才，這些人才都是周王朝極度缺乏的，所以受到周王室的珍惜，這也是周王室的工藝技術能迅速發展的主要原因，如鑄青銅、蓋宮室、煉兵器、造漆器、琢玉器等。在各項工藝美術品中，惟獨玉器雕琢工藝成為周王室最高的藝術代表，因為當時美玉是代表等級的信物，也是貴族行禮儀所必備的，更是周天子用以賞賜的政治餽贈品，所以在西周，玉器漸漸成為王室、貴族、諸侯、方國相互造玉、賞玉、玩玉來作為最高的藝術成就，當然也代表最高的物質價值與財富。。

　　西周玉器的種類大體上承襲商代，進而發展出周朝特有的器型，如玉虎、玉龍等，其紋飾也在繼承商代風格。

　　綜觀西周在玉器的雕琢手法上有幾個特點，因西周玉器多作扁平狀，善於採用細陰線和一面坡粗陰線相結合的粗細陰線雙勾法來刻畫主題，線條剛勁，形象生動。

　　花紋圖案的結構也很嚴謹，在表現動物紋樣時，善於以誇大局部特徵來概括全貌的藝術手法，如飾龍則以大眼翹鼻裝飾、飾虎則以大頭卷尾裝飾，達到言簡意賅、生動活潑的藝術效果。

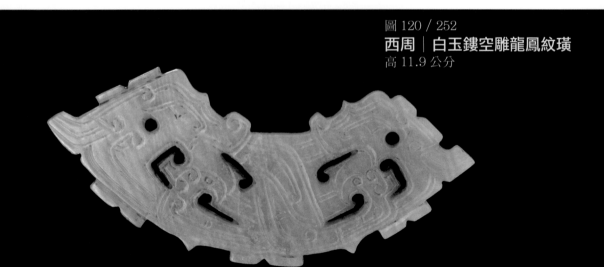

圖 120 / 252
西周｜白玉鏤空雕龍鳳紋璜
高 11.9 公分

（一）由商代的雙陰線紋、陰線減地雕法，到西周演變為陰線斜刀的琢玉工法，用這種陰線斜刀的工法來刻畫主題，線條剛勁，形象生動。

（二）西周玉器多作扁平狀，多以片狀玉料作成動物剪影的造型，這多少有些承襲殷商玉器風格。

（三）大量吸取青銅器上的紋飾，雕琢成玉器或玉雕上的紋飾，如鳥紋、夔龍紋、獸面紋、鱗紋、雲雷紋或回字紋等。

（四）西周紋飾已從商代的神權思想轉化成崇尚自然、理想的人文思想，圖騰線條不如商代具有濃重神秘宗教色彩，而是富含生動、開放、活潑的線條。

（五）西周玉雕佩件，較商代玉雕著重藝術性與佩掛實用性，如動物器形多為片雕或半圓雕，且鑽孔均選擇適合佩掛的位置，不似殷商的圓雕動物其鑽孔多為橫穿或縱穿。

圖 118 / 250
西周｜青黃玉人龍合體珮
高 12 公分

西周玉器主要紋飾

　　西周早期玉器紋飾大多繼承商晚期的琢玉技術，尤其是「雙陰線紋」。但經過短暫的融合發展後，即創造出自己獨特的「單陰線紋」與「斜坡紋」組成的斜刀工法，即所謂的「大斜刀」與「小斜刀」。這種線條完全擺脫商晚期的「雙陰線紋」雕琢工法，表現出西周本身特有的線條風格，這種斜刀法一直延續並影響到春秋的紋飾。

　　以下介紹西周玉器的主要紋飾：

一、單陰線紋

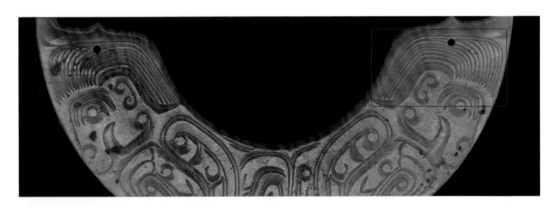

二、大斜刀

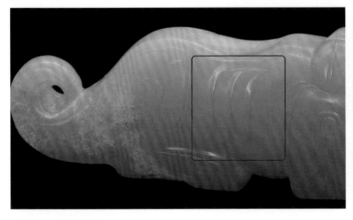
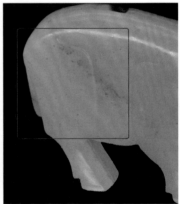

三、鳥紋

商代紋飾過渡到西周第一個變化就是紋飾獨立，鳥紋就是鳥形。

四、臣字眼

西周初期依然使用「臣字眼」，但臣字變成比較扁平而且細窄，兩端眼角內勾或上翹，此種眼形經過一段時間後即消失。

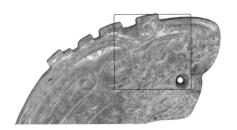

圖 103 / 049
西周早期│白玉龍首紋蹲伏虎
長 18 公分

五、丁頭嘴

鳥、魚的嘴部大多是丁頭嘴，到中晚期才逐漸改變。

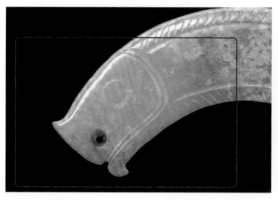
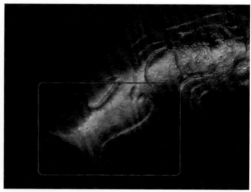

六、竹節紋

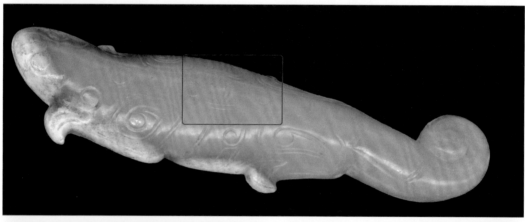

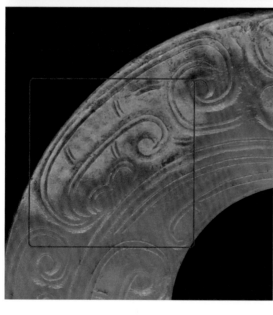
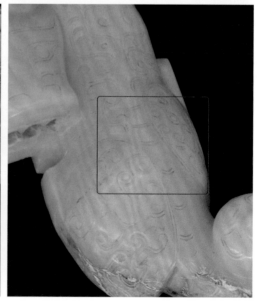

七、齒形、魚尾形

一般裝飾於動物尾部或身軀（起源於商晚期，盛行於西周）。

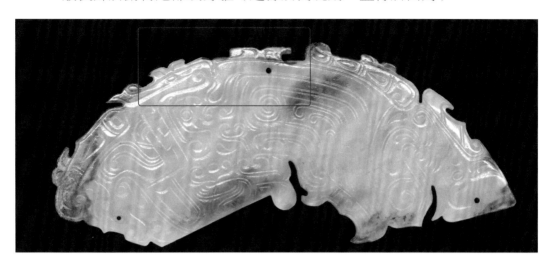

八、眼紋有圓眼、重環眼、橢圓眼、橄欖眼

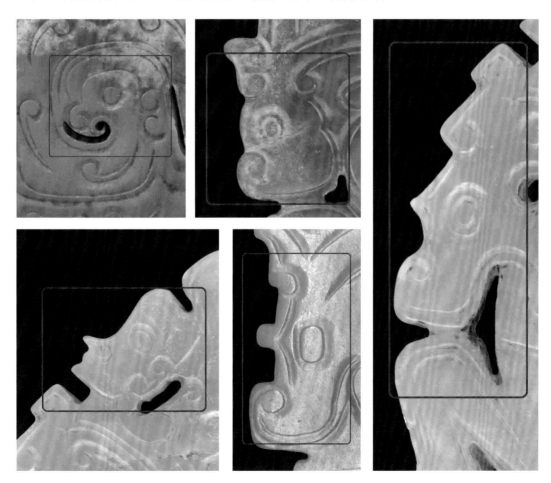

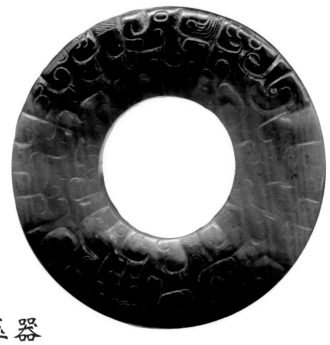

圖 141 / 319
春秋｜白玉變形龍首紋系璧
直徑 4 公分

第八章

春秋玉器

春秋玉器的時代背景

　　從商及西周考古資料與相關史料中，都可證實在商周各方諸侯都會貢玉於王室，而且主要以進貢玉材、玉料為大多數，因為商、周王室都擁有王室的玉匠，可依自己的風格及需求雕琢玉器，其中有些圖騰、紋飾、器型等諸侯及方國是不能僭越的。另外自商以來，金屬工具的普遍使用，各種製玉工具的改進致使中原琢玉技術具領先地位，所以除進貢特殊用意的玉器外，一般都選上好玉料來上貢王室。除貢玉的情況外，王室對於有功臣子、諸侯，也會大量賞賜玉器或玉材〈這在鐘鼎金文中可窺見一二〉，自西周後期，王室衰微，這種進貢王室或由王室為中心的賞賜、頒贈的玉器逐漸轉為諸侯、貴族間的賄賂、酬庸、交際的珍寶，到了春秋時代，玉器就成為小國進獻大國，或大國間相互餽贈甚或結盟、嫁娶之信物。

　　為了搏取受贈及受禮者的歡心，藉以提高己國在列國諸侯中的地位，各國莫不尋找能工巧匠在會盟的玉器上別出心裁地雕砌華麗的圖騰紋飾，藉以顯示己國的國力與財力。這不僅快速提高琢玉技藝，也大大提升美玉的藝術性，但實用性卻大為減少，有些則成為無實用之玉器，就以此時的玉觽、玉刀、玉璧而言，其觀賞性已大於實用性。

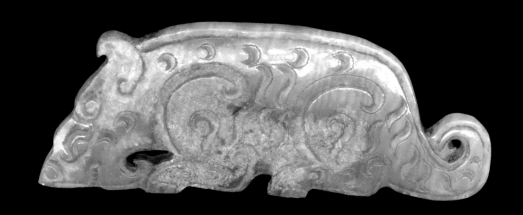

圖 139 / 275
春秋｜白玉琥符一對
長 9.3 公分
背面有凹凸榫「虎」字可契合

圖 138 / 259
春秋｜青黃玉羊首珮
高 6.8 公分

圖 130 / 082
春秋｜白玉龍首紋韘
高 2.7 公分 直徑 3.3 公分

圖 144 / 380
春秋｜白玉咬尾龍
高 3.8 公分

圖 133 / 085
春秋｜白玉浦紋 S 龍
長 6.6 分

圖 145 / 386
春秋｜條形玉飾
長 8.1 公分
可參考東周吳楚玉器河南
浙川縣出土

介紹春秋玉器

一、器形

　　春秋時期列國出土的玉器，絕大多數是片狀，有的近似薄片，厚片形玉器難尋，只有少數個別是立體圓雕的，成組的佩飾器是由簡單到複雜，數量上是由少到多件，逐漸形成「組玉珮」。

　　此時期列國出土的玉器，器型有傳統制式的玉璧、玉玦、玉環、玉璜、玉斧等以及配戴用的玉魚、玉龍、玉琥、玉獸、玉璽、玉珠、玉簪、玉觿、玉衝牙、玉人、玉劍飾、玉串飾、各種玉飾（如盾形玉飾、牌形玉飾、獸形玉飾、管形玉飾、柱形玉飾、竹節形玉飾、球形玉飾、環型玉飾、箍形玉飾等）以及喪葬用的玉琀、玉握、玉竅、幎目用玉等。

圖 152 / 053
春秋晚期｜白玉龍首觿（衝牙）一對
長 8.5 公分

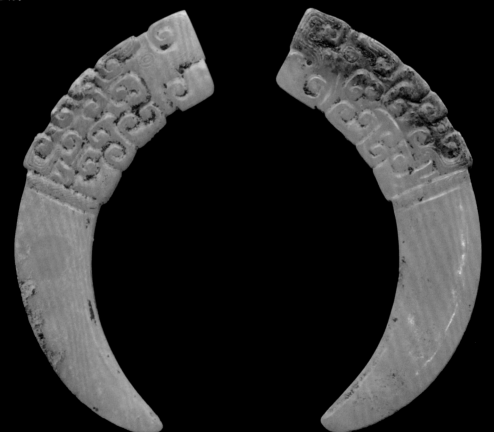

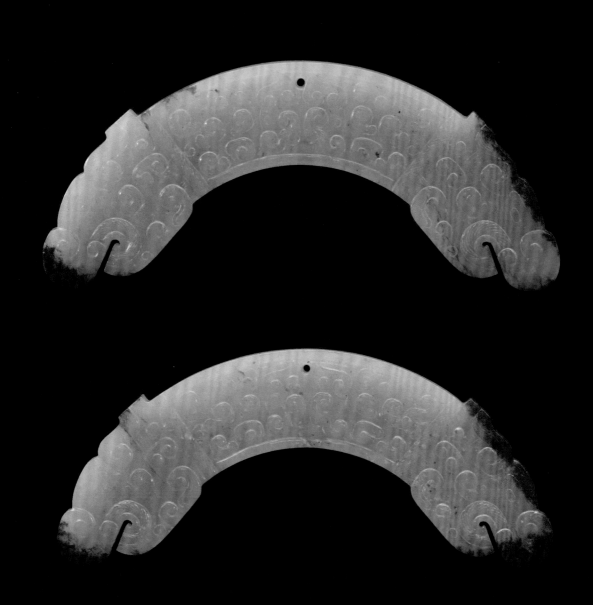

圖 146 / 291
春秋晚期｜白玉雙龍首珩一對
長 11.4 公分　厚 0.6 公分

圖 150 / 461
春秋｜白玉變形龍首雲紋管珓
長 3.4 公分 直徑 2.7 公分

圖 134 / 086
春秋｜白玉虯龍
長 10 公分 寬 1.6 公分

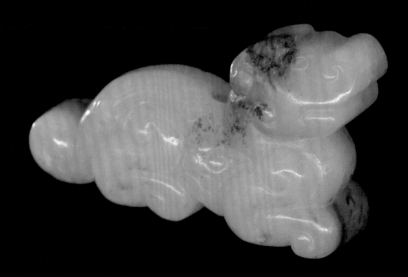

圖 131 / 083
春秋｜白玉渦雲紋瑞獸
長 5.4 公分 高 3.2 公分

圖 132 / 084
春秋｜白玉桓雲紋神人瓏
長 5.2 公分

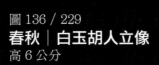

圖 136 / 229
春秋｜白玉胡人立像
高 6 公分

二、材料

　　春秋時期的玉材，可分為專用作隨葬明器與生前佩戴的裝飾品兩類。隨葬的明器大都是以石代玉製做的，有綠松石、大理石和琉璃，如石珠、石貝、石圭、石管、石璧、石條形飾、琉璃珠、松石璧、松石玦等。而生前佩戴的裝飾品都以真玉製作，也有用玉髓、瑪瑙、水晶等，為數不多。

　　形制上有複雜的也有比較簡單的，紋飾有精美的也有樸素的，如圭與璋不琢紋飾，幾乎全是素器，璧與璜，大多雕琢紋飾，有青玉雙身獸面紋玉璧、白玉桓雲紋玉璧、白玉雙龍首璜、白玉龍紋璜等。

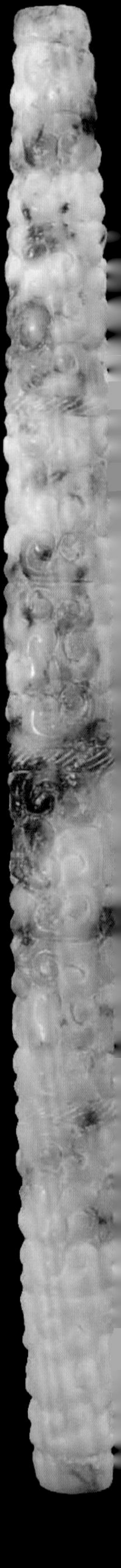

圖 149 / 455
春秋｜白玉變形龍首紋長玉管
長 12 公分 直徑 1 公分

圖 147 / 336
春秋晚期｜
白玉變形龍首紋扁瑓
長 9 公分

春秋玉器主要紋飾

　　春春秋時期玉器的紋飾有穀紋、雲紋、變形雲紋、勾雲紋、斜線紋、蟠虺紋、虺紋、紐絲（繩）紋、鱗紋、鳥紋、虎皮紋、虯龍紋、網狀紋、細陰線羽狀紋、雙陰線 S 紋、夔龍紋、變形夔紋、龍首紋、饕餮紋、臥蠶紋以及以蟠虺紋組成獸面紋等，茲介紹如後。

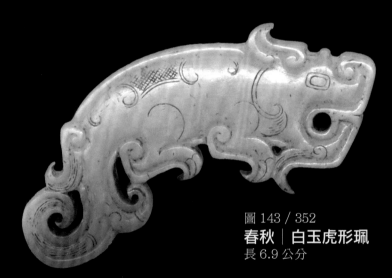

圖 143 / 352
春秋｜白玉虎形珮
長 6.9 公分

圖 148 / 438
春秋｜白玉半圓雕雲紋虎形珮
長 6.7 公分

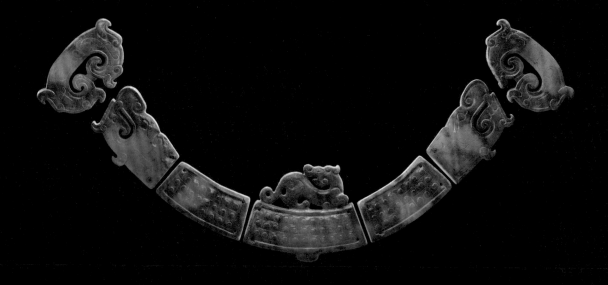

圖 142 / 345
春秋｜白玉七節穀紋璜
橫長 21 公分

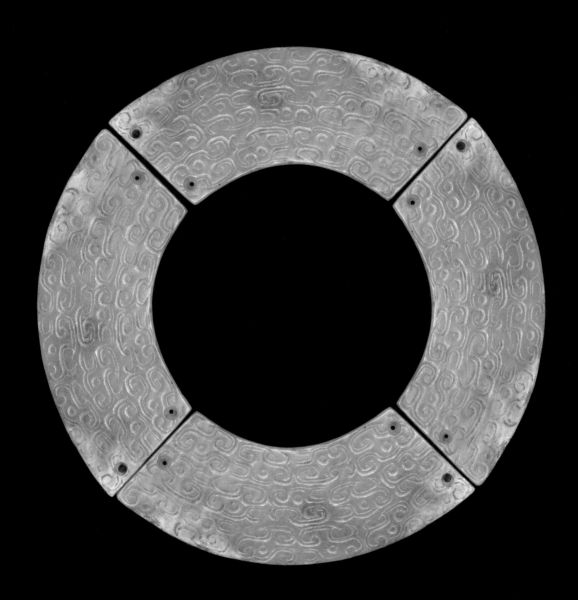

圖 135 / 220
春秋｜黃玉龍首紋四聯環
肉寬 3.5 公分　厚 0.5 公分

一、錦地紋

開始模擬商周青銅禮器的紋飾表現方法，在浮雕紋飾之間的隙地輔以地紋，商周青銅禮器一般使用「雲雷紋」為地紋，春秋玉器使用斜線紋或卷雲紋作為地紋也稱「錦地」，有補白的效果。

二、穀紋、雲紋

表現形式分有簡略陰線紋與浮雕凸面紋兩種，前者大多見於喪葬用玉或半成品的粗稿，後者多見於精品玉飾或佩飾器。

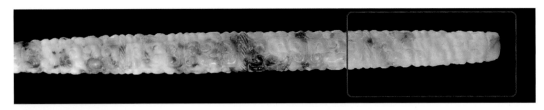

三、虎皮紋

春秋早期出現較寫實的虎皮紋，有些工法仍沿襲西周的斜坡紋，這是過渡期無法避免的一個階段。

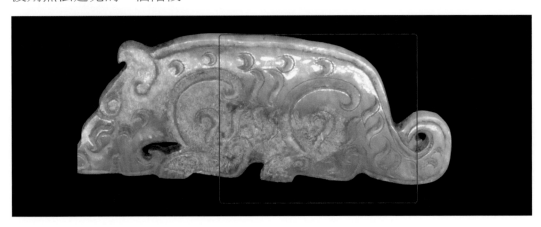

四、龍紋或混合紋飾

　　常見以雲紋與半個雲紋為基礎組成，更多的是再以圈紋、斜線紋（作錦地）組合成龍紋或龍首（虎首）紋。這些龍首紋常以相向或相背形式出現。

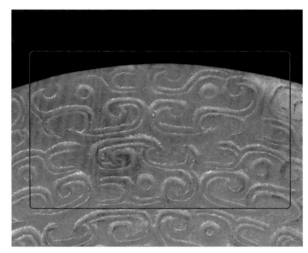

五、紐絲（繩）紋

又稱「陶索紋」，春秋時使用逐漸頻繁，常裝飾於手鐲、繫璧、動物尾部等，線條整齊、工整，有分粗陶索（寬鬆）與密集陶索兩種。

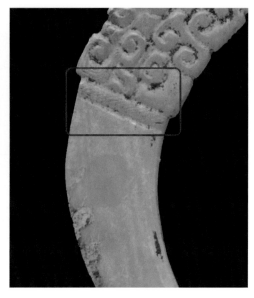

圖 151 /467
春秋│白玉變形龍首雲紋環
直徑 5.4 公分

六、虺紋

春秋晚期出現虺龍與虯龍，有的以陰線裝飾在片雕龍身，有的裝飾於玉珮上。所謂虺龍、虯龍即是似蛇的小龍，有一首單身與一首雙身兩種裝飾，在春秋晚期至戰國早期的玉器常以糾結在一起的虺龍裝飾於同一造型上。

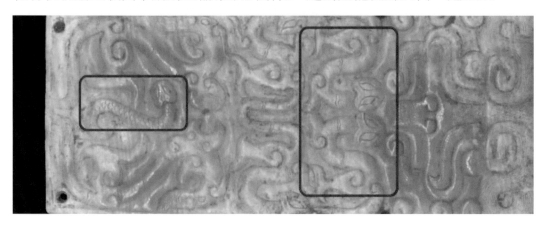

七、組合紋飾

　　春秋晚期至戰國早期已出現複雜的組合紋飾，有以雲紋、穀紋為主，混合短陰線、鱗紋、環圓眼、網狀紋等以斜刀及浮雕方式裝飾一件佩飾、崁飾或組件，構圖複雜華麗，但繁而不亂。

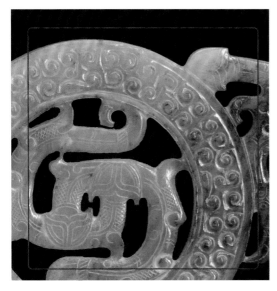

春秋玉器的特徵

一、璧、圭、璋、璜依然使用，偶有琮的出現。圭與璋幾乎不琢紋飾，出土與傳世全是素器。璧與璜，大多雕琢紋飾，素器極少。所以目前所見春秋的佩飾器，幾乎無素面的，但也有水晶、瑪瑙、玉髓的佩飾器，這些大都是素面的。

二、從出土的地區顯示，此時有較多的窖藏玉器，顯示當時弱國將被強國併吞時，貴族流亡他國前，會將精美玉器埋藏於地窖中，或許指望他日能回來復國，因此窖藏玉器一般都是身前佩戴的，也都較墓葬玉器精美。

三、寫實動物以片雕虎形較多，其他動物逐漸減少，如牛、羊、鹿、馬及昆蟲類等都較西周時減少許多，有些甚至消失。

四、玉器成為顯示財富與地位的象徵，此時開始使用珮玉組成玉項飾，形式簡單，這就是玉全珮的雛形，到戰國即成為定制。從傳世與出土的玉器來看，此時開始使用劍飾器，玉劍飾的鑲嵌配掛成為戰國、漢朝地位與權威的象徵。

五、春秋早期之前的玉璜，在兩端鑽孔，以上弦月方式佩掛，到春秋中期，在璜的曲面上方中心點穿孔，以下弦月方式佩掛，兩端的孔便可再繫繩向下組配玉飾。

六、器形受西周剪影玉雕的影響以片狀居多，厚片形玉器及圓雕玉器難尋。

七、這時流行用長方形或方形玉片，高不過寸許，兩面雕琢同樣紋飾，完工後，從中間剖開，所以常出現一面有紋飾，一面光素，有些並留有鋸片的錯痕，有些四角或上下各穿一孔，以便縫綴及佩掛。

八、常常以雲紋、變形雲紋構成龍頭或虎頭，以陰刻圓圈或橢圓圈飾眼睛。春秋早期在龍頭或虎頭翹捲的鼻子下雕琢伸出的舌頭。伸舌頭的形式也有三種，到春秋晚期或戰國早期，就逐漸有不見伸舌頭的。

（1）S形舌頭有紐絲紋。

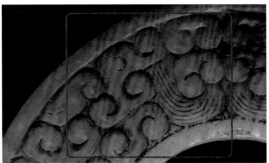

（2）S形舌頭無紐絲紋。

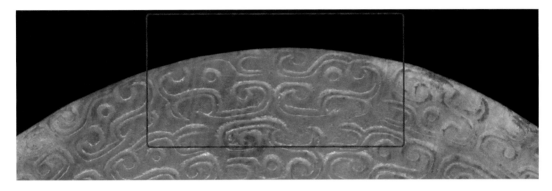

（3）有紐絲紋與無紐絲紋混合S形舌頭。

（4）到了春秋晚期或戰國早期，這種龍頭或虎頭逐漸有不伸舌頭的了。

第九章　戰國玉器

戰國玉器時代背景

　　由於春秋晚期鐵器的發明與鑄銅「失蠟法」的出現，使銅器風格與鑄造法發生丕變，西周禮器的端莊敦厚走向一展華麗與爭奇鬥艷的能事，這種氣氛逐漸影響玉雕技藝，因此「玉仿銅」的紋飾自春秋晚期就已露端倪，至戰國時雖蔚為風氣，但這些仿銅紋飾多費料費工，非一些小國能力所及，所以「玉仿銅」的紋飾一般只見於富有的大國、強國，且流行時間也較短。如春秋流行裝飾於青銅動物身上表示羽鱗的翹捲紋飾，在戰國初期也常雕飾於玉器上（見 P.77 圖 176），因過於耗費玉材與高難度的雕琢工藝，至戰國中晚期即逐漸消失。

圖 161 /056
戰國│白玉穀紋 S 形龍
高 2.5 公分 橫寬 8 公分 厚 0.6 公分

圖 181 / 241
戰國｜白玉穀紋栱形龍形嵌件
高 5 公分　橫寬 8.6 公分

介紹戰國玉器

一、器形

　　戰國時期列國出土的玉器有薄片、厚片與圓雕玉飾。

　　器形有玉璋、玉琮、玉圭、玉璧、玉環、玉瑗、玉璜、龍形佩、玉珩、衝牙、玉觿〈又名決〉、玉方鐲、玉帶鉤、玉人、玉長條形飾、玉棒槌形飾、玉雙繫拱形飾、圓柱玉飾、玉龍形飾、金鑲玉飾、玉掛飾、玉簪、玉梳、玉觽、玉瓅、出廓玉管、玉四節珮、玉透雕雙龍珮、玉鏤空雙鳥珮、玉透雕四鳳珮、玉透雕龍鳳珮、玉多節透雕珮、玉高足杯、玉樽、玉盒、玉油燈臺、玉製的劍首、璏、鐔、珌、玉扳指、玉玦、玉馬、玉組珮、玉管，喪葬玉有幎目、玉握、鼻塞及口中的琀包括玉牛、玉羊、玉狗、玉鷄、玉魚等口塞。此時出現方形璧，中間穿孔，表面多刻穀紋。

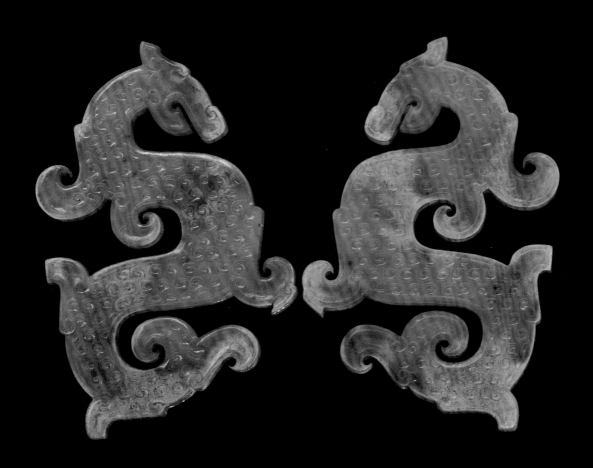

圖 168 / 138
戰國｜黃玉穀紋 S 龍鳳珮
長 10.8 公分

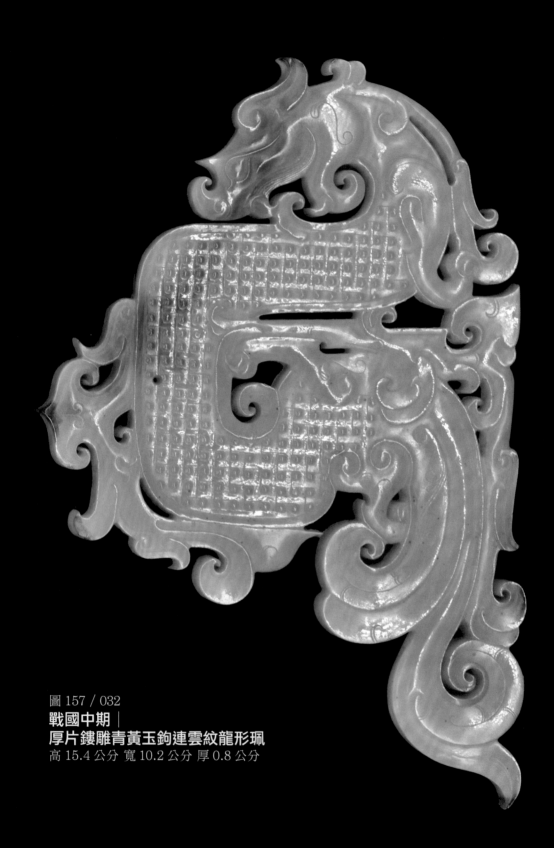

圖 157 / 032
戰國中期 ｜
厚片鏤雕青黃玉鉤連雲紋龍形珮
高 15.4 公分 寬 10.2 公分 厚 0.8 公分

圖 167 / 136
戰國｜白玉穀紋 S 龍形珮
長 14 公分

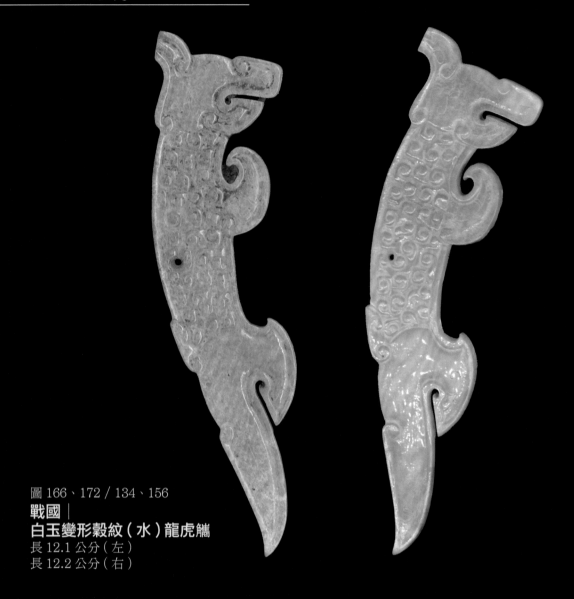

圖 166、172 / 134、156
戰國│
白玉變形穀紋（水）龍虎觽
長 12.1 公分（左）
長 12.2 公分（右）

圖 179 / 223
戰國│白玉虎形佩
長 9.5 公分

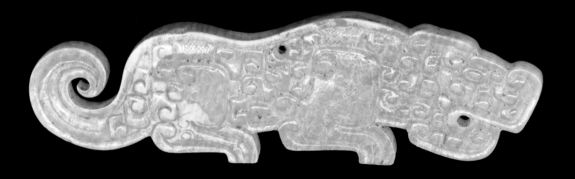

圖 173 / 167
戰國｜青黃玉雙龍首穀紋鏤韓字珩（璜）
長 17.5 公分
可參考山東淄博市博物館藏臨淄區
商王村戰國墓出土鏤空龍鳳璜

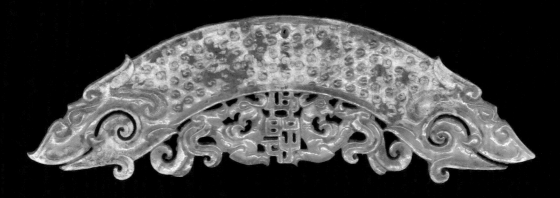

圖 164 / 110
戰國｜白玉穀紋雙龍首璜
長 17 公分

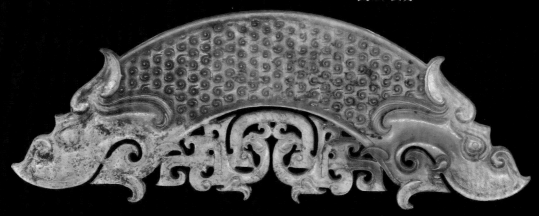

圖 156 / 029
戰國｜白玉穀紋 S 龍形珮
長 17 公分 高 7 公分 厚 0.5 公分

圖 171 / 151
戰國│青黃玉鉤連雲紋高足杯
高 10.5 公分

圖 162 / 092
戰國｜白玉穀紋 S 龍一對
長 8.5 公分　高 7.3 公分

二、幾種重要玉器介紹

就禮器來說《周禮》所說的「五瑞」，璧、圭、琮、璋、璜，其中璧、圭、璋、琮，還存在於貴族的禮制生活中，但有些形制已發生變化且數量稀有，如琮形體變短，轉角已接近 90 度。璧、璜則成為「組珮」中的一種構件。

玉璧在春秋戰國時代大多數琢有穀紋或勾雲紋，從戰國早期起玉璧表面的紋飾逐漸繁複並走向浮雕藉以展示工藝奇巧的方向發展。

這些玉璧表面的紋飾原先僅雕琢單一的穀紋，後來分成二或三區同心圓環帶紋飾，二區的玉璧一般外區琢成雙身獸面紋，內區琢傳統穀紋，三區的玉璧則內外區琢雙身獸面紋，中區琢穀紋，這種浮雕工藝從玉璧到玉璜進而擴展到各型玉器上，如高浮雕螭龍劍飾器、浮雕帶鉤、浮雕龍鳳紋角形杯等。

此時的王侯、將相喜將華麗的玉柄裝置在鋒利的短兵器上，如淅川楚墓出土的玉柄鐵匕首、曾侯乙墓出土的鏤雕玉柄鐵匕首，另出土有玉戈、玉戚、玉鉞、玉矛等兵器，但都非實用殺伐用器，而是儀仗用器，用以彰顯王室和貴族的地位與權威。

圖 191 /272
戰國晚期｜黃玉虎形珮
長 13.3 公分 高 4.5 公分
鈎連雲紋、花葉紋
可參考美國艾克勒博物館藏
有相似的虎形璜

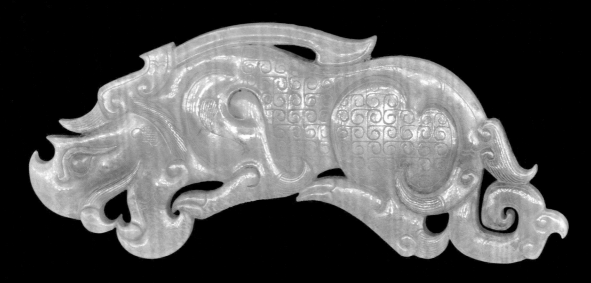

圖 160 / 043
戰國｜白玉穀紋螭龍（虎）珮
高 7 公分 橫寬 10 公分

　　春秋時期出現的片雕玉琥，至戰國時厚度增加，紋飾更加繁複，除兵符用的虎形璜外，戰國玉琥從單一的龍紋或雲紋逐漸形成由雲紋或桓雲紋、穀紋或鉤連雲紋、紐絲紋、花葉紋等紋飾組成。這種玉琥出土時多半是成雙成對，應是組珮飾的組件之一。

　　戰國時配帶長劍代表地位的象徵，貴族士卿出門莫不佩飾長劍，一時風行，有些劍又會鑲嵌玉飾，這些漂亮的寶劍需用「玉帶璲」勾懸掛於革帶上，並用絲繩繫縛於劍璏的兩端，劍身可以上下左右移動，這些玉帶璲出土及傳世極其少見，常被後世誤認為「刀璏」。

　　戰國的裝飾品玉器有較前期增加的趨勢，春秋時剪影方式的薄片玉飾，到戰國時逐漸被揚棄，走向整體的藝術造型；尤其玉佩飾更為流行，這些玉佩飾有以綠松石片、瑪瑙、玉髓、蝕花石髓、琉璃、水晶等材質製成的管、珠與玉環、玉人、繫璧等組成佩飾來佩戴，它們有串連成串飾佩戴，有組成組珮佩戴，如戴於頸項間的項鏈及佩戴於胸腹間的玉組珮。也有單一佩戴的如玉鸚鵡首拱形起脊飾、玉雙繫拱形飾、玉四節珮、玉透雕雙龍珮、玉鏤空雙鳥珮、玉透雕四鳳珮、玉透雕龍鳳珮、玉多節透雕珮等。另有戴於耳際的玦、戴在手腕、手臂上的鐲、釧等。這些都突破了西周「禮制玉」的形象，滿足了新興貴族和豪商們將玉飾充分使用在生活需要上。

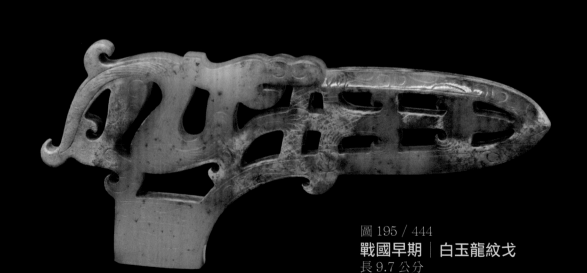

圖 195 / 444
戰國早期｜白玉龍紋戈
長 9.7 公分

圖 158 / 039
戰國｜白玉鏤空龍首帶璲
高 9 公分 橫寬 6.7 公分 厚 3.3 公分

圖 178 / 203
戰國｜白玉虺龍紋當盧
長 6.8 公分 橫寬 5 公分

圖 182 / 258
戰國至西漢早期│
白玉圓雕舞人珮
高 6.2 公分

圖 180 / 228
戰國│白玉立人像
高 5.8 公分

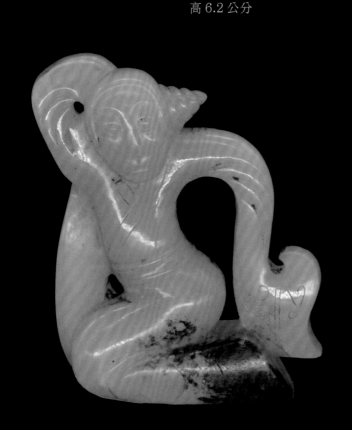

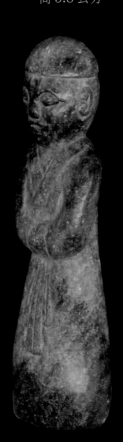

　　玉笄（簪）、玉笄帽、玉梳、玉觿、金柄玉環首銅削刀等都是春秋戰國時代貴族的用具，它們的形制與商周時代有明顯的變化。玉笄及玉笄帽都會在器身和帽飾上雕琢紋飾。另玉梳器型與商周時的亦有差異，西周墓出土的玉梳梳齒短而稀疏，春秋戰國出土的梳體增長而梳齒增多，梳背雕琢紋飾，亦可當髮飾，表明春秋戰國時代玉梳耐用而美觀，至戰國後期玉梳逐漸成為政治餽贈與酬庸的禮品，梳體寬大，梳齒變粗短。銅削是當時「書史器」的一種，文官的腰帶上往往佩戴有這種書刀，乃是刮除竹簡上錯字的工具，戰國時常以金玉鑲崁銅刀上，有的銅削全以美玉製成，應可稱為「玉削」。

　　戰國時期的貴族墓葬都有隨葬許多喪葬玉器，它們來源有兩種：一種是死者生前曾佩戴的玉器。這些佩玉玉質、工藝普遍都較精美，一般並不作葬玉看待。另一種是死者的家屬及親屬因某種需要專門為死者製造的明器，這些玉器的質地大都不佳，有的甚至達到粗製濫造的程度，偶有以石代玉的現象，屬於這一類玉器才是真正的喪葬玉。

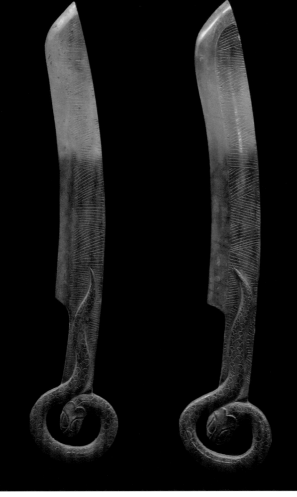

圖 198 / 312
戰國｜白玉虬龍紋削刀
文書工具

三、材料

　　玉材大都是軟玉，玉色以白玉、青白玉、黃玉、青黃玉、灰白玉、黃褐玉為主，還有墨玉、彩石、玉髓、綠松石、水晶、煤精、瑪瑙、琉璃等。有許多應屬上乘玉料如新疆的羊脂白玉、精白玉，這些玉料質地潔白、半透明、細膩有光澤，一如凝脂。

圖 153 / 219

戰國玉器主要紋飾

戰國早期｜黃玉龍首紋鐲
外徑 7.3 公分　內徑 5.8 公分

　　戰國時期玉器的紋飾有穀紋、雲紋、變形雲紋、鉤連雲紋、斜線紋、蟠虺紋、虺紋、紐絲（繩）紋、鱗紋、鳥紋、虎皮紋、虯龍紋、網狀紋、細陰線羽狀紋、雙陰線 S 紋、夔龍紋、變形夔紋、龍首紋、饕餮紋、臥蠶紋、花葉紋以及以蟠虺紋組成獸面紋等。

　　戰國早期的紋飾有許多來自商、周與春秋青銅器的紋飾，如鱗紋、羽紋、夔龍紋、饕餮紋、鳳紋、虺紋、瓦紋、菱形紋、乳丁紋等，有些發展成戰國特有紋飾並流傳至西漢，甚至影響到唐宋玉雕風格，如龍首紋發展成雲紋、穀紋，牛角饕餮紋發展成牛角龍紋等。

圖 192 / 419
戰國｜青白玉穀紋螭虎珮
長 8.1 公分　高 6.2 公分

圖 170 / 149
戰國｜黃玉同心圓龍首紋雙層璧
直徑 8 公分
變形龍首紋

圖 199 / 213
戰國 |
白玉變形雲紋 S 龍鳳珮一對
長 12.6 公分 寬 7 公分

圖 196 / 468
戰國｜白玉鉤連雲紋帶蓋奩式卮
高 9.5 公分

一、龍紋

二、龍首紋

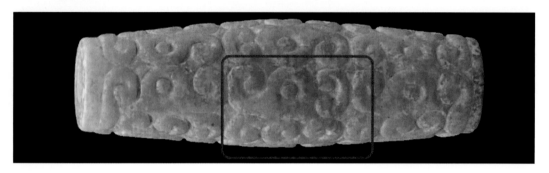

三、斜線紋

四、穀紋

五、二區隔紋

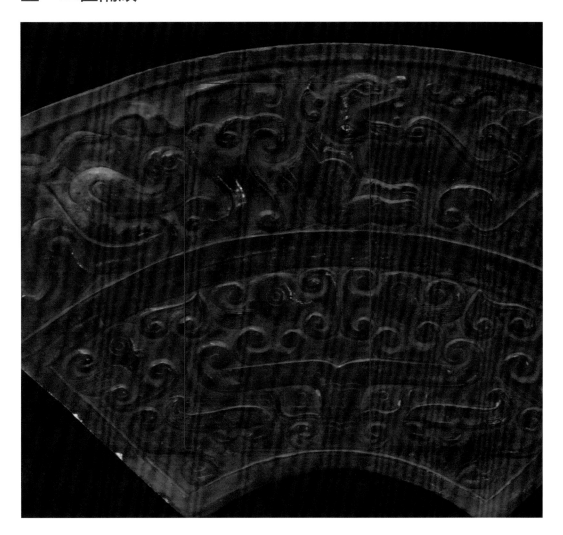

六、鱗紋

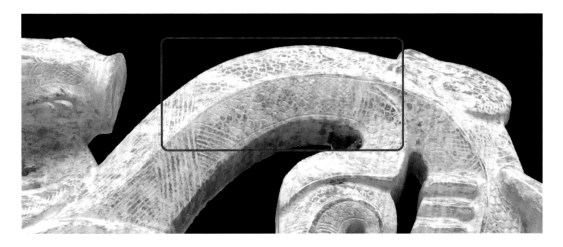

七、網格紋

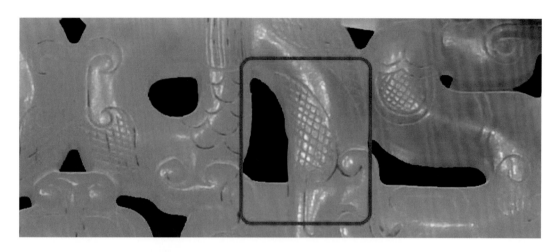

八、雲紋、變形雲紋

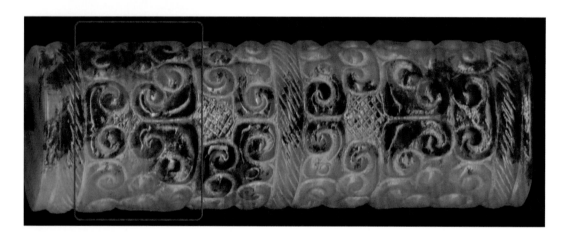

九、紐絲紋

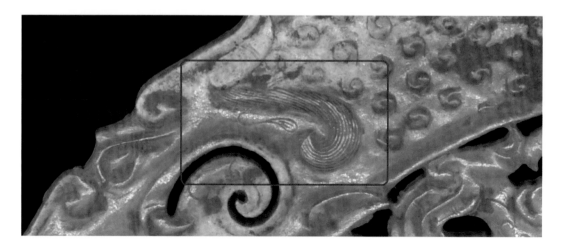

十、鉤連雲紋

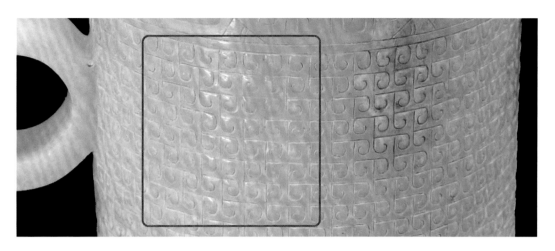

十一、花葉紋

十二、交叉 S 形紋

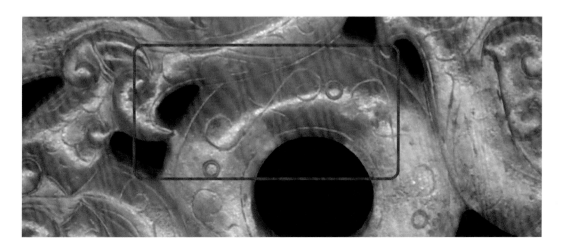

圖 187 / 335
戰國｜白玉鏤空雙龍珮
長 11.7 公分 高 4 公分
網格紋、花葉紋
這是春秋的龍首紋演變到戰
國的變形雲紋的過渡期

戰國玉器的特徵

　　戰國玉雕之精緻、考究更甚於商、周及春秋時代，尤其在琢工方面，由於發明鐵器工具，有些玉器工藝可說到了鬼斧神工的地步，因此有「昆吾刀」的傳說。

　　戰國玉雕的造型與構圖之美，是經過匠人細心設計，嘔心瀝血的傑作。他們對玉料的挑選，紋飾之精雕細琢，線條之圓融和諧，以致動物栩栩如生，寫實自然又不失活潑，創造出典型的戰國風格。尤其是楚國玉雕，由於受限於玉材，將龍鳳形玉珮設計得並不對稱，但為追求整體和諧之美，卻能將作品達到視覺感官上的平衡。

　　戰國是沿襲春秋的玉雕風格，造型與紋飾有些許不同，如要斷代必須先瞭解春秋與戰國在紋飾及形制轉變中的差異，兩相比較，便會很清楚的劃分開來，戰國紋飾及其特徵如後。

一、玉璧分區雕琢

　　禮儀及佩飾用的璧大為流行，玉璧分區雕琢紋飾始於戰國，所謂分區，就是在璧的平面上，劃分成二或三個區域，每個區域雕琢不同紋飾，一般以繩紋為區隔線，區隔出雙身獸面紋搭配穀紋、鉤連雲紋、蒲紋等，甚至有的內外區均是雙身獸面紋，中區為穀紋。

二、完整的外邊線紋或內邊線紋

　　春秋玉飾的邊線紋並不完整，有的僅占全器 1/2 或 1/3，有的不明顯，到戰國早期即出現完整的邊線紋。這種邊線紋有的用鈕繩紋，有的用單陰線或斜刀紋。

三、流行玉全珮

　　戰國時王、公、貴族流行佩飾器，此時的佩飾器有單一佩戴的，也有串聯在一起佩戴的，漸漸地串聯在一起的佩飾器演變成所謂的「玉全珮」。「玉全珮」在戰國已成定制，「玉全珮」的形制是：「上有珩，下有璜，中有琚瑀，邊有衝牙」。

　　至於戴玉全珮的原因，說文解字在「珩」這個字解釋得很好：「佩上玉也，所以節行止也。」意思是，君子走路，不緩不急，步度適中，不可匆忙。故稱之為「聽玉之聲，以節行止」，而為了佩戴方便，會在珩上再加一小玉環。

　　另外王侯將相又崇尚佩戴多節玉珮，有兩節、三節、四節與多節，如湖北隨縣曾侯乙墓出土的四節珮與多節珮，此種節珮需大型玉料，並就料開片，就料雕琢，需設計精準，先鏤空雕出圓環再開片展開，然後再就其形雕琢紋飾，如雕三節珮則需再展開一次，於此類推，此種玉雕技藝是我國玉雕工藝的最高成就。

　　在出土的戰國墓中，可見墓主人或木俑身上彩繪玉全珮圖，其第一件玉都是一個小環或繫璧，這是為了佩掛方便起見，所以在珩上再佩一個環，珩的兩端就可以繫掛琚瑀、璜、衝牙等。

四、動物形佩飾器

動物形佩飾器以龍形的佩飾器逐漸增多，犀形璜也出現在大墓的玉全珮的組件中，虎形或其他動物形漸少。

五、龍形佩飾器多 S 形龍

戰國早期龍形珮飾多彎成璜形或 S 形，外國考古學者稱其為「S」龍，晚期則出現雙 S 形龍與單 S 形龍併存，且同時出現龍鳳合體玉雕。

六、明器與佩飾器有所分別

玉雕人物出現板狀體與半圓雕、圓雕。簡單的板狀雕琢與半圓雕多為明器，圓雕人物多為身前佩戴或把玩之器，所以玉質、琢工都屬一流。

玉人大多雙手相握置於腰腹間，男性玉人有帶冠及無冠但有整齊髮型者，大多是官吏之屬，無髮無冠飾的則屬地位較低的下層人，或為僕役或為私奴。

七、玉帶鉤用途多樣化

玉帶鉤精而多，大小不一，紋飾各異。大型的玉帶鉤，已非實用器，多轉為陳列、餽贈或訂約、嫁娶的信物，有的大帶鉤是用幾節美玉併聯中間以鐵棍相接而成。

八、禮器

禮器有琮、璧、圭及璜，琮、圭大都為素器，璜有素器也有雕琢紋飾的，璧多有紋飾。

九、出廓璧的出現

　　戰國始有出廓璧，出廓紋飾多在璧的外沿左右，雕琢對稱龍紋或鳳紋。

十、玉器多成雙成對出現

　　戰國玉器多玉璧、玉龍、玉璜、玉帶鉤。尤其是玉璧多成雙成對出現，如蘇秦帶著趙王資助的禮物，周遊列國，其中就有「白璧百雙」，用以合縱抗秦時訂定盟約之信物以及饋贈的璧形佩飾玉，這些白玉璧應是質地美好，雕琢精美，且成雙成對的璧形玉器。

十一、雕琢工藝提升

　　戰國玉器邊稜大多直角，觸摸時有鋒利感。穿孔多為垂直，有些玉管長十餘公分以通心對穿，穿孔垂直。

　　除禮器和帶鉤外，一般玉雕大多平衡、對稱，而有些玉器雖不對稱，但全器仍有平衡感。

十二、兵符的普遍使用

　　戰國龍形玉雕，大都為片狀，少數為厚片體，目前尚未見有立體圓雕出土或傳世品。此時普遍使用兵符，兵符多雕成半圓雕或圓雕臥虎，再從中剖成兩件，兩件虎形玉雕中有凹凸榫可以相契合，早期凹凸榫多為不規則的符號或圖案，後逐漸雕成虎字或虎形，漢代時兵符多改玉為銅鎏金。

第十章　兩漢玉器

西漢玉器時代背景

　　秦滅六國後，秦始皇採用李斯的建議，分天下為三十六郡，後又增加到四十多郡，郡設郡守，下設縣、縣下設鄉、鄉下設亭、亭下設里，各級地方官吏職司戍卒、治安、傳遞、墾殖、賦稅等事宜，並建立了官吏選任、俸祿、考核等制度。商周之前的封建制度徹底瓦解，進入了中央集權，地方郡縣的制度，允許土地私有，這種制度直至清末都沒有改變。另秦始皇又命李斯作小篆，統一度量衡及貨幣制度，達到書同文車同軌的目的，也為漢朝數百年政權奠定了良好基礎。

圖 201 / 379
秦代│白玉捲尾龍
高 5.6 公分

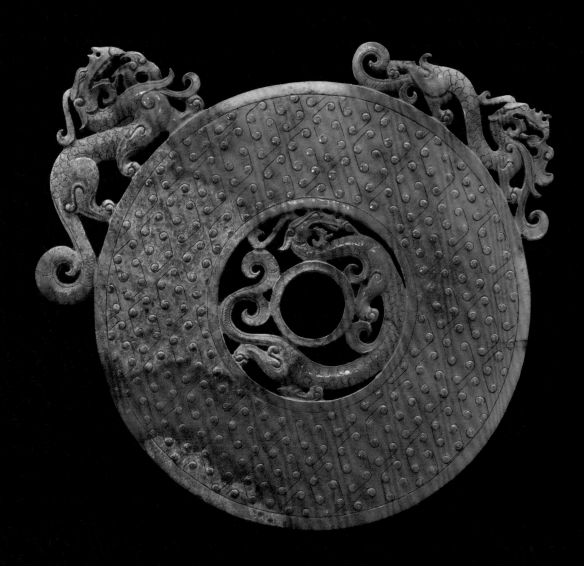

圖 206 / 316
西漢早期｜白玉三龍紋鏤空出廓璧
直徑 13.7 公分 最寬處 17.2 公分
請參考加拿大皇家博物館藏 鏤空龍紋出廓璧

　　殷商以後，玉器發展到了戰國達到另一個高峰，漢代則是我國玉器發展史上的第四個高峰期。漢代一般是指西漢、東漢，西漢是高祖劉邦滅秦以後建都長安開始（西元前 206 年），到漢少帝止（西元 8 年），計十一帝，二百一十四年。兩漢之間，有王莽篡位，計十五年，史稱新莽。自光武帝劉秀於更始三年（西元 25 年）恢復漢朝統一政權，都洛陽，始稱東漢，計十二主，歷一百九十六年，始稱「光武中興」。

　　秦代玉器目前所見大都出土於中小型墓葬，皇室陵寢及貴族墓葬尚未發現，故尚無宮廷玉器可代表秦代玉雕工藝之最高水平，然秦人繼承戰國的傳統，也流行佩戴系璧或玉環、玉瑗、玉璜、玉玦、玉玦等佩玉。玉帶鉤、玉杯多為素器，少數雕有紋飾，紋飾多為穀紋、鉤連雲紋，玉劍飾僅見劍首及劍璏，且工藝水平一般都不如漢代玉器，有待秦始皇陵的發掘或可探見秦代宮廷玉器之全貌。

　　秦末經過楚漢相爭之後，西漢初年民生凋敝，百廢待興，「文景之治」後社會經濟逐漸發達，漢武帝時京畿與社會財富大量累積，經濟繁榮，導致玉器製造業蓬勃發展，王公貴族爭相炫富，也促進玉器製造業的興旺，財力豐厚的諸侯王國也有玉器手工業作坊。

圖 243 / 305
漢代｜白玉天祿（鹿）
長 10.4 公分 高 7.2 公分

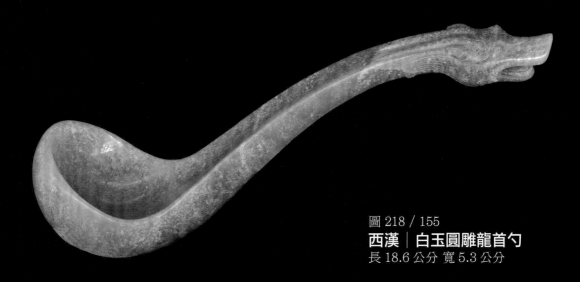

圖 218 / 155
西漢｜白玉圓雕龍首勺
長 18.6 公分 寬 5.3 公分

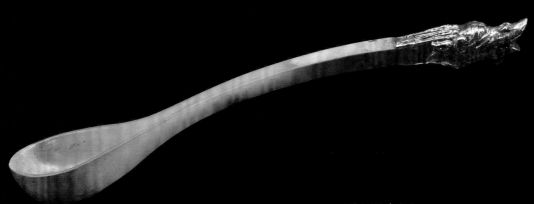

圖 245 / 313
西漢｜白玉鑲金龍首盛露勺
長 17.5 公分

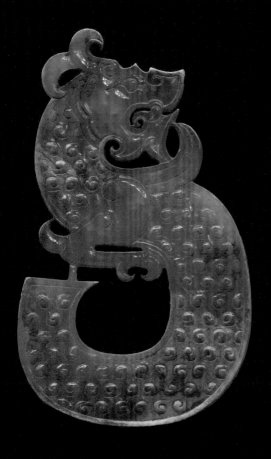

圖 208 / 041

西漢｜黃玉穀紋龍形飾片一對

高 10 公分　寬 6 公分　厚 0.6 公分

圖 231 / 374
西漢｜白玉透雕龍鳳紋重環珮
直徑 7.2 公分
請參考南越王墓龍鳳紋重環珮

介紹西漢玉器

　　西漢是我國玉器發展史上的第四個高峰期，其主要原因除社會經濟繁榮外，漢武帝打通西域致使新疆玉料源源不絕地運來中土，新疆和闐多產美玉，也是漢代玉器的主要用材，和闐玉的大量使用，是促使玉雕技藝發達的主要原因。另一個原因是漢武帝獨尊儒術，儒家的貴玉思想得到發揚，所謂「君子無故，玉不去身」，同時儒家還提倡孝道，從而流行厚葬風俗，進而流行以玉殮衣，以玉陪葬的習俗。

　　西漢玉器主要出土於王侯及其近親的墓葬中，帝王墓至今甚少發現，例如：河北滿城區陵山一、二號墓（中山靖王劉勝及其妻竇綰墓）、定縣四十號墓（中山懷王劉修墓），北京大葆臺一、二號墓（廣陽王夫婦墓），河南永城梁王墓，湖南咸家湖曹「女巽」墓，以及廣東廣州南越王趙眜墓等。其中有保存完整的「金縷玉衣」和具備四種玉飾的「玉具劍」。

　　西漢玉器還有一些出土於帝陵附近的窖藏中，例如漢武帝茂陵附近出土的青玉鋪首，以及元帝渭陵附近出土的玉熊、玉鷹、玉辟邪、玉俑頭、玉仙人騎獸、仙人奔馬等。

圖 246 / 038
戰國至西漢早期
白玉龍首双聯帶鉤一對
長 17.7 公分 寬 3 公分

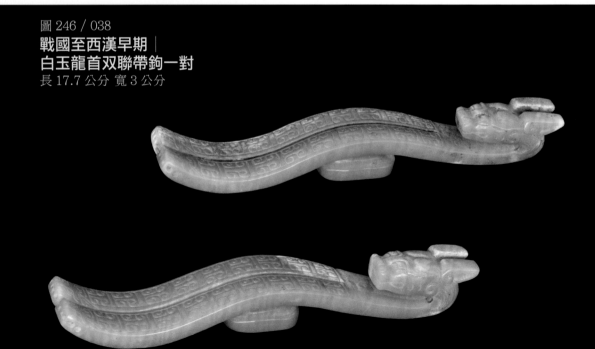

圖 252 / 161
東漢｜白玉仙人騎獸
長 12.3 公分　高 6.1 公分

圖 211 / 047
西漢｜白玉仙人騎獸
長 13 公分　高 7.2 公分

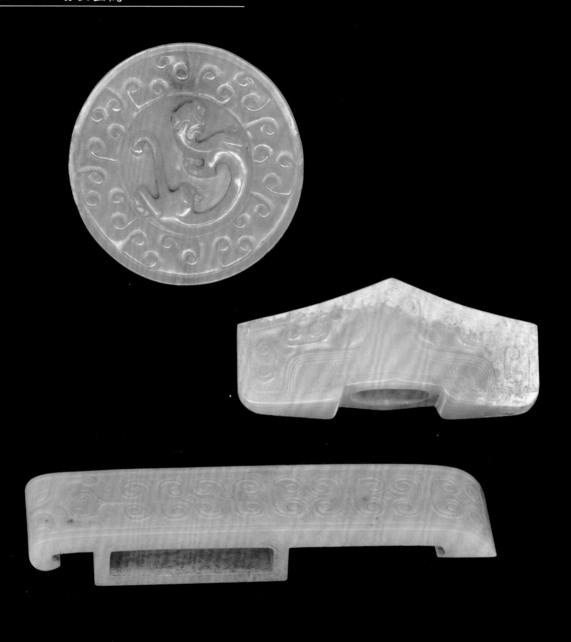

圖 217 / 147
西漢｜白玉螭龍紋劍飾器一組
劍首 直徑 5.3 厚 1.2 公分
劍璏 長 6.2 厚 1.4 公分
劍璲 長 10.9 厚 1.5 公分
劍珌 長 6.2 厚 1.5 公分

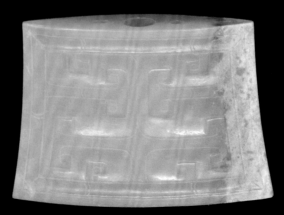

圖 234 / 407
西漢｜白玉龍虎螭三獸紋出廓璧
外徑 12.5 公分

圖 215 / 121
西漢｜白玉獸面紋劍琫（未完工）
高 2 公分　橫寬 6.6 公分

一、玉器種類

　　西漢玉器種類方面，禮儀用玉相對減少許多，從考古工作中發現與祭祀有關的禮儀用玉僅有璧與圭兩種。

　　玉璧除祭祀外常用於陳列與佩戴，由於需求量大，玉璧多雕琢鏤空及出廓，也有鏤空文字，如宜子孫、延年、益壽、長樂、未央等。還有一種較特殊的是「圭璧合一」，雖未見正式出土記錄，但史料與民間多有流傳，應屬禮儀或餽贈用玉。

　　組珮的種類趨於簡化，有些簡略了衝牙，有些簡略了管、珠、琚、瑀。日常用玉與裝飾用玉有進一部的發展，日常用玉有玉笄、玉觿、高足杯、角形杯、玉兕觥、玉卮、玉奩、玉樽、玉盒以及玉枕、玉印、玉杖首、玉帶鉤、韘形珮、玉貝等。裝飾用玉方面，貴族尤重劍上的鑲崁玉器，較常出現劍首、劍琫、劍璏、劍珌皆用玉製成，稱為「玉具劍」，西漢後期還出現水晶與瑪瑙雕琢的劍飾器。

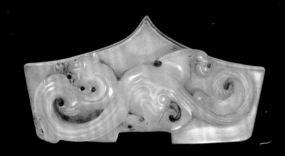

圖 222 / 180
西漢│
白玉高浮雕螭龍紋劍飾器
劍首 直徑 6.2 公分 高 2.3 公分
劍璏 橫寬 7.5 公分 厚 2.4 公分
劍璲 長 11.1 公分 厚 2.3 公分
劍珌 高 4 公分 寬 7.2 公分
　　　厚 2.4 公分
劍璲可參考山東巨野博物館

圖 248 / 423
西漢｜
白玉穀紋雙聯出廓璧
高 4.5 公分 長 7.3 公分

　　喪葬玉器顯著增加，主要有玉琀、玉握、玉面飾以及玉衣、玉九竅塞等，玉琀是死者含在口中的玉製品，西漢時期的玉琀，多數作蟬形，也有少數作龍形的。玉握，或稱握玉，是指死者手中所握的玉器，西漢時最常見的握玉是玉豬。除玉豬外用作握玉的還有兩種，一種是璜形玉器，另一種是玉觿。西漢發掘出土的玉衣，多數用金縷編綴而成，也有使用銀縷、銅縷、絲縷的，使用絲縷的目前僅發現南越王墓出土的絲縷玉衣。

　　圓雕人物與動物亦常出現於漢代，如翹袖折腰玉舞人、玉跪人、玉踞坐人、文官玉俑、武官玉俑、仙人奔馬、僕役俑等。動物有龍、鳳、象、牛、鷹、鳥、蛙、蟬、熊、馬、鹿、羊、豬、天祿、辟邪獸、甪端、坐豹、瑞獸、獬豸等，其中龍多作片雕少數有圓雕，蟬有佩蟬、冠蟬、含蟬，佩蟬多鼻穿，冠蟬多通心串，含蟬則無穿。豬多作成玉握，另有兩獸合雕一體的，如鷹與熊稱英雄，辟邪獸與鳳鳥、大小辟邪獸、三隻羊同雕一體等。

圖 239 / 058
漢代｜
白玉圓雕臥鹿擺件一對
高 7.4 公分 長 12.5 公分

圖 247 / 445
西漢早期｜白玉螭龍紋韘形珮
高 8.2 公分

圖 220 / 169
西漢｜白玉坐熊花插
高 9.4 公分

圖 207 / 036
西漢｜青黃玉圓雕坐豹
高 5.9 公分　橫寬 11.4 公分
深 5.8 公分

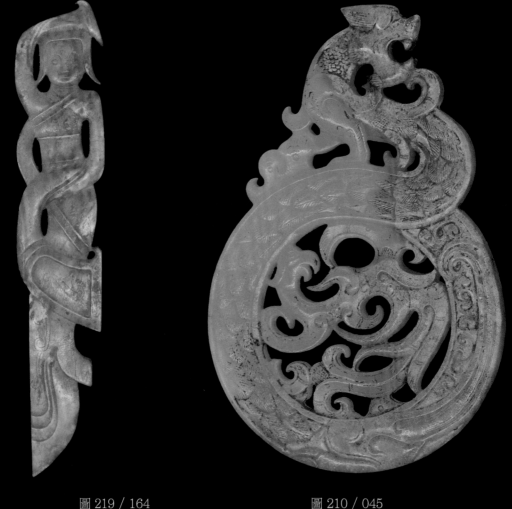

圖 219 / 164
西漢｜黃玉舞人飾
高 19 公分

圖 210 / 045
西漢｜白玉鏤雕龍鳳紋出廓璧
高 9.2 公分

二、介紹幾種重要玉器

　　以玉舞人作為佩玉的習俗，淵源於戰國時期，從戰國到西漢中、後期，其形象基本上是從體態優美發展到西漢中期較為呆板再發展到西漢後期比較生動靈活，到東漢則成為喪葬玉的形態。

　　一般都著長袖衣，一袖高舉至頭上，另一袖下垂或橫置腰際，長裙曳地，細腰束帶，作「翹袖折腰」之舞姿。每個玉舞人都有一至二個小孔，用於穿繫佩掛，以作為成組玉珮的一部份。

佩玉中另有一種由商周的玉韘演變而來的玉飾，可稱為韘形珮，亦稱為雞心珮。「韘」又名「決」或「射決」，是古代射箭戴在右拇指上用以拘弦。從春秋時期玉韘就已漸失實用功能，戰國以後，實用的玉韘演變為裝飾用的佩玉，即韘形珮玉。

西漢時期鑲崁玉以玉劍飾最為重要，出土的數量也最多。戰國時期已有「玉具劍」之稱謂，四種玉飾齊備的玉具劍出於西漢時期劉勝墓出土的一把鐵劍，是考古工作中首次發現的玉具劍，四件劍飾器的紋飾主題皆為高浮雕的螭虎紋。考古工作人員的出土報告：玉劍首為圓形，中央的圓形突起陰刻捲雲紋，周圍浮雕兩隻身軀修長的螭虎；玉劍琫一面為剔地隱起捲雲紋，另一面浮雕螭虎穿游於雲中；玉劍衛浮雕一隻雄健、修長的螭虎；玉劍珌略呈梯形，兩面浮雕五隻嬌健活潑的螭虎翻騰嬉戲於雲海中，所雕動物均生動靈活，肌肉線條栩栩如生，這也是戰漢玉雕動物斷代的首要條件之一。

圖 224 / 254
西漢｜白玉鏤雕螭獸紋韘形珮
高 8.2 公分

三、材料

玉材比戰國更廣泛使用軟玉，玉色有白玉、青白玉、黃玉、青黃玉、灰白玉、黃褐玉等，還有墨玉、綠松石、水晶、瑪瑙等，少部份還發現有玉髓、琉璃、煤精。

自漢武帝打通西域後和闐玉材便源源不絕地運往京城，所以漢代的玉器不僅多而且精雕細琢，貴族墓葬出土的玉器有許多屬上乘玉料，如新疆的羊脂白玉、精白玉或一級白玉，這些玉料質地潔白、半透明，含水豐富多屬水料或籽兒玉所以質地細膩有油質光澤。

西漢玉器主要紋飾

　　漢代的玉雕紋飾也承襲戰國紋飾，並以其構圖為藍本，仍採用雙身獸面紋、穀紋、蒲紋、紐絲紋、龍紋、螭龍紋、鳳紋、雲紋、鉤連雲紋、羽紋、鱗紋、動物紋等。璧也有以二區、三區作平面區隔雕琢，當然也有單獨的紋飾，如單獨的穀紋璧、蒲紋璧、乳丁紋璧、鉤連雲紋璧等，佩飾器也以玉璧數量最多。

　　雕琢工藝較戰國更為大膽突出，創造出西漢獨特的玉雕風格，此時流行鏤雕、淺浮雕、高浮雕或淺浮雕、高浮雕與陰線紋同裝飾於一件器物上，刀法蒼勁有力，粗獷而流暢。動物紋以雕琢四靈較普遍，其次為熊、水猴子、天馬、小龍等。有些玉雕仍保有戰國遺留紋飾，如花葉紋、雙 S 紋、夔龍紋、虺紋、饕餮紋等。

　　此時大量出現立體圓雕動物，造型優美，肢體轉折有序，表情生動自然，尤其辟邪獸，表情威武兇悍，氣魄懾人。中期流行神仙思想，雕有仙界題材的動物，或可與仙界溝通的玉雕器物，如仙人奔馬、仙人騎獸、天馬、西王母等，這些精美玉雕多出土於大型貴族墓葬，玉質採用美玉，琢工精良，頗受收藏家的喜好。

圖 229 / 358
西漢｜和闐白玉龍鳳紋璽
高 6.4 公分 長 6.1 公分
寬 6.1 公分

圖 209 / 042
西漢｜白玉鏤雕龍鳳紋珮
高 9.4 公分 厚 0.7 公分

圖 202 / 418
西漢｜白玉穀紋虎形珮
長 12 公分 高 5.9 公分

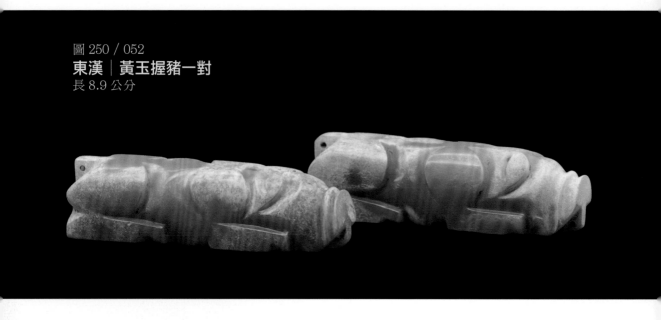

圖 250 / 052
東漢｜黃玉握豬一對
長 8.9 公分

介紹東漢玉器

東漢玉器基本上是西漢玉器的延續，尤其在紋飾圖案方面較為明顯，幾乎無多大變化，與西漢相同的器類造型或多或少有些發展和變化，如韘形珮器形拉長，高浮雕工藝減少，但種類和數量都比西漢減少。

禮儀用玉較西漢更進一部簡化，戰國盛行的玉組珮，不知何原因西漢時已被禁用，東漢再無製作。

佩飾器有增加的趨勢，同時增加一些新品種，如剛卯、翁仲、司南珮，以及單獨佩戴的玉舞人等；日用品主要有玉枕、玉案、玉印、玉帶鉤和玉硯滴等。

喪葬玉繼續存在，如玉豬、玉枕、玉含蟬、玉塞等，另東漢承襲西漢的喪葬制度，皇帝、諸侯、王公等高級貴族，都以玉衣做為殮服，還明確規定了等級制度。

玉珮的紋飾逐漸簡化，到東漢後期甚至有些是光素無紋的。此時流行帶鏤空吉祥語銘文的成套裝飾性玉璧，如宜子孫、延年、益壽、長樂等，以及圓雕動物如辟邪、仙人騎獸、仙人奔馬、飛熊、瑞獸、玉鳥等。

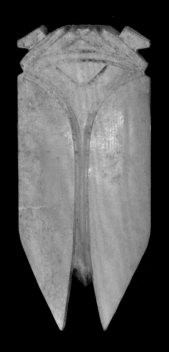

圖 251 / 157
東漢｜白玉八刀含蟬
長 7.6 公分 寬 3.4 公分

圖 255 / 353
東漢｜白玉雙螭紋環
外徑 12.9 公分

圖 259、260 / 383
翁仲、剛卯、司南珮、工字璧

東漢 至 宋｜翁仲、工字璧
翁仲 高 3.5 公分
工字璧 高 2.7 公分

宋 至 明｜翁仲、剛卯、司南珮
翁仲 高 3.4 公分
剛卯 高 2.7 公分
司南珮 高 3.5 公分

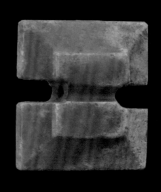

　　東漢也流行佩戴辟邪用玉，主要是玉剛卯，發掘出土的剛卯為數不多。剛卯四面刻銘文三十二字，也有三十四字，從銘文內容可以看出剛卯是用於驅疫逐鬼的辟邪用玉。剛卯在西漢後期即已存在，王莽為了「革漢而立新」，下令禁用，東漢時期才轉為流行。

　　此外辟邪用玉還有翁仲、司南珮，在東漢時期剛卯、翁仲、司南珮視為辟邪三寶，到宋時更流行佩戴翁仲及剛卯，明代則流行佩戴司南珮及翁仲（翁仲多雕成小玉人）。

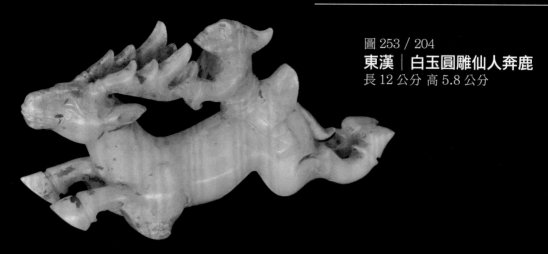

圖 253 / 204
東漢｜白玉圓雕仙人奔鹿
長 12 公分 高 5.8 公分

　　西漢的玉雕風格以繁複精雕著稱，到東漢後期則化繁為簡，華麗紋飾逐漸退去，代之而起的是簡略而犀利的刀工，表現於玉器上的刀痕，有如斧劈巨樹，又如刀切豆腐，線條筆直，切面光滑，稱為「漢八刀」，意寓以「昆吾刀」般的利器，劈八刀即可完成，此「漢八刀」以握豬及含蟬為代表。漢八刀紋飾雖然簡單但琢工卻一點都不能含糊，必須以琢磨的技術表現出斧劈的視覺感觀，所以工藝如稍有不到位，敗筆即顯現出來。

圖 249 / 048
東漢｜青黃玉雜耍俑
高 10.5 公分

索引

文化期

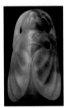

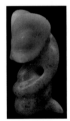

010 / 063　　　　　　P.106
紅山文化｜青玉鷹
高 4.2 公分

青黃色玉，局部有淺褐色沁，以
圓雕琢成展翅飛翔狀玉鷹，雙眼
微凸，尖喙，兩翼琢出瓦紋，背
部有一雙向斜穿，可繫繩。
(063 文 / 蔡國樑)

011 / 064　　　　　　P.107
紅山文化｜白玉鱉
長 5.6 公分 寬 4.2 公分 厚 1.8 公
分

玉鱉呈漆黑色，係通體受煤層沁
染，開窗處以強光照射，明顯可
辨為白玉。鱉背橢圓，頭作三角
形，尾尖，四肢作爬行狀，腹部
有斜向穿孔。(064 文 / 蔡國樑)

012 / 065　　　　　　P.112
紅山文化｜青玉錛 (殘件)
長 4.2 公分

青玉，內有白色點狀翳斑，玉質
溫潤，有油質光澤，器形為扁方
形體，一端呈單刃形，另一端有
殘，通體打磨光滑。
(065 文 / 蔡國樑)

013 / 094　　　　　　P.102
紅山文化｜青黃玉豬龍玦
高 5.3 公分

黃玉，泛青，玉質瑩潤，有蠟狀
光澤，眼、耳處有褐紅色沁痕；
大眼圓睜，凸吻，雙耳聳立，身
型捲曲口尾幾乎相接，口鼻處有
多道皺摺，背脊部雙面對鑽一
孔，可繫繩。(094 文 / 林振宇)

014 / 127　　　　　　P.108
紅山文化｜白玉太陽神
高 8.9 公分

白玉質，有油質光澤，玉表局部
有淡淡的黃香沁痕，鏤雕蹲坐狀
人形飾，淺浮雕梭形眼，凸唇，
雙手置於膝上，頭飾高聳雙角，
背部有一雙向斜穿孔，可繫繩。
(127 文 / 吳振仲)

015 / 128　　　　　　P.114
紅山文化｜白玉神人
高 5.9 公分

白色玉，玉質溫潤有蠟狀光澤，
圓雕長方人形飾，以淺浮雕飾眼
鼻口，雙手相握於胸前，全器作
細部拋光，玉表光潔無明顯沁痕。
(128 文 / 吳振仲)

016 / 129　　　　　　P.103
紅山文化｜白玉豬龍玦
高 4.8 公分

白玉，微泛青，玉質通透瑩潤，
有蠟狀光澤，耳處有些微褐紅色
沁痕，俗稱黃香沁；大眼圓睜，
雙耳聳立，身型捲曲口尾相接，
口鼻處有多道皺褶，背脊部雙面
對鑽一孔。拋光精細。
(129 文 / 吳振仲)

017 / 062　　　　　　P.103
紅山文化｜白玉豬龍玦
高 4.3 公分

白玉，玉質瑩潤，耳、鼻、尾處
有明顯紅褐色沁斑；圓眼，雙耳
豎立，身型捲曲口尾幾乎相接，
口鼻處有多道陰線刻紋有如皺
紋，背脊部雙面對鑽一孔，可繫
繩。(130 文 / 鄭松林)

018 / 131　　　　　　P.103
紅山文化｜白玉豬龍玦
高 3.9 公分

白玉，玉質瑩潤，耳處有明顯紅
褐色沁斑；圓眼，豎耳，身型捲
曲口尾幾乎相接，如 C 字型。口
鼻處有多道陰線刻紋，表情生動，
背脊部有一對穿小孔。
(131 文 / 鄭松林)

019 / 187　　　　　　P.022
紅山文化｜白玉豬龍玦
高 10 公分 橫寬 7 公分

全器受沁成褐黃色，開窗處仍可
分辨出白玉質，器表明顯受到砂
坑侵蝕有不規則點狀凹蝕痕，整
體有如「C」字形，獸首較肥大，
兩耳聳立，凸眼大睜，背脊中有
對鑽大圓孔。(187 文 / 蔡國樑)

020 / 198　　P.099
紅山文化│青黃玉C形龍
高 5.2 公分

青黃玉，微泛青，玉質溫潤有油質光澤，龍首及額部、尾部均有褐色沁，吻前伸，尾部勾捲，頸脊長鬣上捲，邊緣琢成銳刃。全器作「C」形狀，背部有對穿圓孔，可繫繩。(198 文 / 蔡國樑)

021 / 205　　P.105
紅山文化│白玉勾雲形器
寬 9 公分

白玉質，有蠟狀光澤，片雕，邊緣較薄，局部有褐色沁斑，四周均有勾雲出頭，中間鏤空，整器形似一鳳，展開右側翼，頂端有一小孔，可繫繩佩戴。
(205 文 / 蔡國樑)

022 / 210　　P.105
紅山文化│青白玉勾雲形器
長 7.7 公分　寬 5 公分

白玉質，泛青，有蠟狀光澤，厚片雕，邊緣較薄，局部沁成褐紅色，四周均有勾雲出頭，中間鏤空，整器形似一鳳，展開羽翼，頂端有一小孔，可繫繩佩帶。
(210 文 / 蔡國樑)

023 / 248　　P.097
紅山文化│白玉C形龍
高 9.4 公分

白玉，微泛青，內有白色點狀翳斑，係受乾坑高溫質變現象，玉質溫潤有油質光澤，吻前伸，尾部勾捲，頸脊長鬣上捲，邊緣琢成銳刃狀。全器作「C」形狀，背部中間有對穿圓孔。
(248 文 / 蔡國樑)

024 / 249　　P.109
紅山文化│白玉神人立像
高 11.5 公分

白玉質，微泛青，玉質通透有油質光澤，局部褐紅色沁痕，圓雕人形，拱手坐姿，戴髮冠，直鼻，梭形眼，口微張。肩、臀部出刃狀凸稜，腳有凸榫，背有鼻穿，可鑲嵌及佩掛。(249 文 / 蔡國樑)

025 / 268　　P.113
紅山文化│青白玉豬龍玦
高 9.5 公分

白玉質，微泛青，全器受沁有褐黃、淺褐、黑色等沁斑及蝕痕，從多處開窗處可斷為白玉，獸首較肥大，兩耳聳立，凸眼大睜，背脊中有對鑽大圓孔。
(268 文 / 蔡國樑)

026 / 290　　P.112
紅山文化│青玉太陽神
高 14.2 公分

青玉質，有明顯油質光澤，局部有褐黃色沁痕，鏤雕蹲坐玉人，浮雕梭形眼，長尖耳，凸唇，雙手交疊置於膝上，頭飾高聳雙角，額前有網格紋，背部有雙向斜穿，可繫繩。(290 文 / 吳振仲)

027 / 296　　P.098
紅山文化│青黃玉C形龍
高 9 公分

黃玉，泛青，玉質通透有油質光澤，鬃鬣與尾部有褐紅色鐵沁斑，玉龍整體捲曲呈C字形，嘴緊閉前伸，鼻上翹平齊，雙眼突出呈梭形，頸部長鬃上飄，末端尖銳，邊緣呈薄刃狀，尾部向內勾捲，線條流暢，頗具動感。
(296 文 / 吳振仲)

028 / 298　　P.039
紅山文化│青黃玉豬龍玦
高 7.6 公分

黃玉質，泛青，獸首有褐紅色點狀、絲狀沁斑及蝕痕，體蜷曲，首尾不相聯，獸首肥大，吻前伸，眼外突，背脊中有對穿大圓孔，似供穿掛用。(298 文 / 蔡國樑)

029 / 299　　P.100
紅山文化│馬蹄形器
高 11.8 公分

青黃玉，有蠟狀光澤，夾雜褐紅色沁痕，橢圓喇叭筒狀，上端口沿為斜坡形，另一端平齊，近底部有兩個對稱圓孔，器表打磨光滑。(299 文 / 蔡國樑)

030 / 301　　P.111
紅山文化｜白玉豬龍玦
高 3.6 公分

白玉，玉質通透瑩潤，局部有淺層灰皮，圓雕捲曲龍形玦，梭形大眼，豎耳，嘴緊閉，前吻微上翹，尾收尖，首尾不相連，背脊部有對穿圓孔。(301 文 / 何滄霄)

031 / 306　　P.113
紅山文化｜黃玉人首珮
高 2.5 公分 寬 2.4 公分

黃玉，微泛白，玉質細膩潤澤，有明顯油質光澤，玉表有游絲般褐紅色沁痕，圓雕人首墜飾，頭戴平頂帽，大眼圓睛，寬鼻，闊嘴，背面鼻穿，全器拋光精細。(306 文 / 鄭偉華)

032 / 385　　P.053
紅山文化｜青玉龜
長 5.8 公分 高 1.6 公分

玉龜背部青玉，腹部白化較嚴重，青玉質溫潤有油質光，局部有土蝕痕。龜背圓弧，頭作方形，尾尖，四肢作爬行狀，腹部有斜穿孔，孔內壁有弦紋。(385 文 / 蔡國樑)

033 / 397　　P.106
紅山文化｜青黃玉鷹
高 5.5 公分 橫寬 5.5 公分

青黃色玉，局部泛白並有淺褐色沁，半圓雕琢成展翅欲飛狀玉鷹，雙眼微凸，尖喙，兩翼及尾部琢出瓦紋，背部有一雙向斜穿，可繫繩，圓孔為兩頭對鑽，孔壁留有旋痕。(397 文 / 蔡國樑)

034 / 401　　P.114
紅山文化｜青黃玉雙聯璧
高 5 公分

青黃色玉，內有質變斑，玉質晶瑩潤澤，橢長形，頂部有一小孔，中有兩圓孔，單面鑽，器表打磨光滑。(401 文 / 蔡國樑)

035 / 388　　P.092
江淮地區北陰陽營文化｜瑪瑙璜
長 9 公分

瑪瑙璜，弧形，全器沁成深淺不一的黃香色，在文化期璜被當成上好的項飾或胸飾，瑪瑙硬度較玉質高，開採、雕琢均不易，故當時瑪瑙較玉珍貴，純色的瑪瑙，更是得之不易。(388 文 / 蔡國樑)

036 / 001　　P.124
良渚文化｜玉匙
長 18 公分 寬 4.6 公分

全器沁成褐黃色，玉質不辨，伴有白色筋狀條紋，匙把以細陰線琢獸面紋，下有橢圓孔，孔壁經打磨光滑，不見拉鋸痕，玉匙是實用器，應是良渚時期統治者的用器。(001 文 / 蔡國樑)

037 / 002　　P.121
良渚文化｜獸面紋玉鐲
外徑 9.4 公分 內徑 7.4 公分

玉鐲沁成褐黃色，並伴有白色筋狀斑痕，玉鐲外壁弧圓，內壁平直，外壁以等距離分三段，每段均用細陰線琢出獸面紋，全器內外打磨光滑。(002 文 / 蔡國樑)

038 / 003　　P.121
良渚文化｜青玉琮鐲
射徑 9.2 公分

青玉，玉表有白色筋狀斑痕，矮方柱體，內圓外方，邊角大於 90 度。外壁呈琮形，中有對鑽大圓孔，孔壁光滑，玉表四角各組成一組簡化神人面紋，全器打磨光滑並有玻璃光。(003 文 / 蔡國樑)

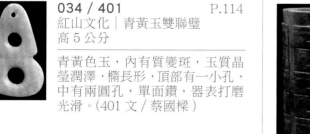

039 / 004　　P.119
良渚文化｜
五節神人獸面紋三角玉琮
高 13.8 公分 射徑 5 公分

三角形柱體，牙黃色，微青，有白、褐、黃、黑色等瘢痕，以淺浮雕及陰線飾五節神人獸面紋，上端口徑較大，下端較小，上下對穿，留有台痕，孔呈喇叭狀，器表及孔壁均打磨光滑。(004 文 / 蔡國樑)

040 / 005　　　　P.120
良渚文化｜三節琮形瑢
高 6 公分

褐黃色玉質，有白色筋狀斑痕，以淺浮雕及陰線飾三節神人獸面紋，上端口徑較大，兩頭對穿，留有台痕，孔呈喇叭狀，器表打磨光滑。（005 文／蔡國樑）

041 / 006　　　　P.120
良渚文化｜
五節神人獸面紋琮型瑢
高 9.2 公分

褐紅色沁，開窗處仍可辨為白玉，玉表局部有白色斑痕，以淺浮雕及細陰線飾五節神人獸面紋，上端徑較大，上下對穿，留有台痕，器表打磨光滑。（006 文／蔡國樑）

042 / 008　　　　P.122
良渚文化｜獸面紋冠飾器
長 10.4 公分 高 5.2 公分

器呈黃色，局部有褐紅色沁，及白色筋狀斑痕，冠頂有兩凹槽，中有尖端突起，下有扁圓形鏤孔，冠底有短榫，榫上有三小孔，冠中主紋飾以淺浮雕和細陰線飾獸面紋、鳥紋，紋飾精細，工法規整。（008 文／蔡國樑）

043 / 011　　　　P.127
良渚文化｜神人獸面紋兩節玉琮
高 5.4 公分 射徑 18 公分

青玉，玉表有白色筋狀斑痕，矮方柱體，內圓外方，邊角大於90度，中有對鑽圓孔，孔壁光滑，玉表四角各組成神人紋與獸面紋，琮體對稱兩面中間各琢一組神人與獸面復合的圖像，另兩面琢刻立於圭上的鳥紋，全器打磨光滑。（011 文／蔡國樑）

044 / 012　　　　P.129
良渚文化｜神人獸面紋琮王
高 12 公分 射徑 29 公分

湖綠色，幾乎全部沁成褐黃色與深褐色，並有白色斑痕，矮方柱體，上大下小，中有對鑽大圓孔，留有台痕，四面微弧，轉角大於90度。器表四面，以直槽分為左右兩塊，以橫槽分上下四節。各組成一組簡化神人及獸面紋與鳥紋，琮體四面中間各琢一組神人與獸面復合的圖像，其兩眼、額、鼻均以淺浮雕琢出輪廓並配合細陰線勾勒出眼睛、眼角、羽冠。全器打磨光滑並有玻璃光。（012 文／蔡國樑）

045 / 013　　　　P.028
良渚文化｜獸面紋管瑢
高 3.2 公分

瑢身白化呈牙黃色，開窗處可辨為白玉，以淺浮雕及陰線飾獸面紋與羽冠，上下有對穿圓孔，孔呈喇叭狀，孔壁留有台痕，器表打磨光滑。（013 文／蔡國樑）

046 / 014　　　　P.117
良渚文化｜三節琮型瑢
高 6.3 公分

黃玉質，泛青，玉質溫潤有油質光澤，局部有褐紅、褐黃、深褐色等沁痕，以淺浮雕及陰線飾三節神人與獸面紋，上端口徑較大，上下有對穿圓孔，孔壁留有台痕，器表打磨光滑。（014 文／蔡國樑）

047 / 015　　　　P.127
良渚文化｜獸面紋三叉型器
高 4.8 公分 寬 6.7 公分

器呈紅色，玉表有白色筋狀斑痕，下端圓弧，上端分叉為三，中間一叉略短，並有上下貫通的圓孔，應是冠帽上的飾件。器表以陰線及浮雕工法飾獸面紋與羽冠、捲雲紋，全器刻紋纖細，為良渚文化玉器中難得一見的精品。（015 文／蔡國樑）

048 / 016　　　　P.123
良渚文化｜神人獸面紋錐型器
長 19.7 公分

器呈木瓜紅色，玉表有白色塊狀
及筋狀斑痕，長方柱體，一端作
鈍尖，另一端有長榫，榫有圓孔。
器表中部有三節神人與獸面紋，
從紋飾圖案排列來看，鈍尖端朝
上，全器風化明顯。
（016 文／蔡國樑）

049 / 139　　　　P.118
良渚文化｜神人獸面紋兩節玉琮
高 5.8 公分 射徑 9.3 公分

器呈橄欖綠色，乾坑，器表有灰
白色筋狀沁斑，矮方柱體，中心
有一對穿圓孔，內圓外方，器身
以凹槽分為兩節，上節飾神人面
紋，下節飾獸面紋。
（139 文／吳振仲）

050 / 148　　　　P.081
良渚文化｜白化玉珠（5 粒）
高 1.6 公分

上排玉珠五粒，均沁成牙白色，
玉質不辨，每粒均有上下對鑽圓
孔，應為項飾或組珮件。下排為
經放置正確環境數年，已逐漸開
窗，開窗部份明顯恢復玉性，可
辨為青黃玉質。（148 文／蔡國樑）

051 / 271　　　　P.128
良渚文化｜大璧
直徑 20.8 公分

璧呈褐紅色，間有白色筋條狀及
塊狀斑紋，璧扁平圓形，中有圓
孔，係以管鑽從兩面對鑽而成，
孔壁留有台痕，表面琢磨光滑。
（271 文／蔡國樑）

052 / 283　　　　P.125
良渚文化｜三節神人紋玉琮
高 7.4 公分 射徑 6.1 公分

青白玉，玉表有白色塊狀及點狀
斑痕，玉質溫潤。器作矮方柱體，
上大下小，外方內圓，中有對穿
圓孔，器身以凹槽分為三節，每
節各飾一組神人面紋，神人羽冠
細如毫髮。此琮玉質良好，線條
規整，為良渚文化玉器中的精
品。（283 文／蔡國樑）

053 / 017　　　　P.119
良渚文化｜
神人獸面紋 17 節玉琮
高 45 公分 射徑 9 公分

青色玉，玉表有白色塊狀及筋狀
斑痕，開窗部份晶瑩半透明；器
呈長方柱體，上大下小，內圓外
方，邊角大於 90 度。兩端對穿
大圓孔，孔壁光滑並留有台痕，
以直稜分兩邊，以橫稜陵分上下
十七節神人與獸面紋。全器以淺
浮雕及陰線琢飾獸面紋與羽冠，
目前所知良渚玉琮以十九節為最
多。（017 文／蔡國樑）

054 / 170　　　　P.094
石家河文化｜玉人（男）
高 11.5 公分

白玉，玉質通透有蠟狀光澤，局
部鈣白並內蘊黑斑，圓雕，頭戴
平頂圓形帽，方臉，梭形眼，寬
鼻，闊嘴，環形耳飾，雙手交叉
於胸前，雙腿微屈，上身裸露，
腰下有數道衣摺，似有著下褲，
足踩厚底鞋，背光素無紋，頭頂
至雙腿間有一穿孔。
（170 文／吳振仲）

055 / 171　　　　P.094
石家河文化｜玉人（女）
高 11.4 公分

同 058 圖，玉質更加潤澤，不同
的是後腦以陰線紋裝飾頭髮，並
整齊分梳兩側，此只玉人應是女
性。（171 文／吳振仲）

056 / 398　　　　P.095
石家河文化｜青玉女王首刀形珮
高 6.6 公分

青玉，局部有白化及初期質變
斑，玉質溫潤，全器為一女王首
側面像，長髮過肩並整齊梳於腦
後，頭戴冠飾，頸部以下逐步向
後彎曲，底端薄如刀刃，應是代
表統治者的項飾。
（398 文／蔡國樑）

057 / 399　　　　　P.095
石家河文化｜白玉神人面飾
高 4.3 公分　長 7.5 公分

白玉，微泛青，頭部及兩側多白
化，開窗處明顯為白玉質，玉質
溫潤。全器為一張嘴露齒，大眼
圓睜，頭戴長耳平頭帽的神祖面
紋，耳下戴有環型耳環。紋飾均
以減地隱起法琢出眼、鼻、嘴、
耳等五官，工法古拙而流暢。
（399 文 / 蔡國樑）

058 / 034　　　　　P.093
龍山文化｜青玉鷹紋圭
高 14.5 公分

青玉，玉圭上下局部沁呈褐紅、
褐黃、黑色、皮蛋色，中間仍留
有質變初、中期的白斑，下有一
對鑽圓孔，圓孔上方紋飾均以陰
線及減地隱起法琢出連續菱形
紋、展翅鷹紋（一說帶高羽冠神
祖面紋），線條規整流暢，一絲
不苟，不失為龍山文化玉雕精
品。（034 文 / 蔡國樑）

059 / 132　　　　　P.093
龍山文化｜青玉介字人面紋玉刀
長 14.3 公分　高 5.1 公分

青玉，玉質半通透有油質光澤，
局部褐黃色沁痕與黑色沁斑，厚
片長方形體，頂端刃部微弧，一
方平直，柄微內斂，琢有神人側
面紋，戴平頭冠，長髮後披，臣
字眼，戴耳飾，上有一圓孔，刀
身近刃部處飾神人面紋，介字頭
飾，睜眼露齒，雲頭鼻，近刀背
處，有兩圓穿，兩面紋飾相同，
均以減地隱起法裝飾。
（132 文 / 吳振仲）

060 / 262　　　　　P.093
龍山文化｜青黃玉神人紋圭
高 8.4 公分

黃玉，泛青，內蘊黑色質變斑，
玉質通透有蠟狀光澤，刃邊局部
有褐紅色沁痕，圭首有對鑽圓
孔，兩面均淺浮雕神人面紋、弦
紋，紋飾與台北故宮博物院藏龍
山文化人面紋圭相似。
（262 文 / 廖元滄）

061 / 367　　　　　P.094
龍山文化｜人首蛇身白玉飾
高 5.4 公分

白玉，微泛黃，玉質通透，局部
灰皮，片狀，人首蛇身，臣字眼，
大鼻，凸唇，細長髮披於後腦，
頭戴帽冠，蛇身飾變形雲紋。
（367 文 / 吳振仲）

商代

062 / 342　　　　　P.087
商代或更早｜白玉龍獸合體珮
高 5.5 公分

白玉，泛黃，玉質通透有油質光
澤，局部有褐紅色沁痕。器呈圓
雕龍獸合體，龍長吻，梭形眼，
鬃鬣飄捲，低首鼓腹，與身軀呈
S 形，獸尖喙，大眼圓凸，瓢形
耳，肩出雙翼，前足緊握龍背，
龍尾與獸尾相連，龍頸部有圓穿，
構思奇特，留有文化期遺風。
（342 文 / 吳振仲）

063 / 059　　　　　P.137
商代｜白玉龍紋大刀
長 28 公分

白玉，有受沁痕跡及初期白色質
變斑，刀身狹長，短柄，雙面刃，
刃部弧凸，刀背略凹出戟，刀尖
略上翹。靠背處以減地法琢出精
細龍紋，龍臣字眼，張口，上唇
略翹，玉質優美作工精細，屬儀
仗用器。（059 文 / 蔡國樑）

064 / 066　　　　　P.145
商代｜白玉臥羊
長 9.4 公分　橫寬 2.9 公分
高 4.1 公分

全器沁呈牙白色，局部褐紅色、
褐色，褐紅色部份係玉質逐漸恢
復玉性。羊屈臥，雙眼凝視前方，
以鐵線紋飾臣字眼、關節紋、背
紋，背部有上下通心穿，可繫繩。
（066 文 / 蔡國樑）

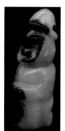

075 / 227　　　　P.142
商代｜白玉跪坐人像
高 4.2 公分

白玉，泛黃，全器受沁呈淺褐黃色，開窗處白玉質溫潤有光澤。體呈圓雕跽坐人，頭無髮無帽，雲紋耳，衣右衽，雙手撫於膝前，從形象考察，像是宮女或是貴族貼身僕人。(227 文 / 蔡國樑)

076 / 256　　　　P.141
商代｜白玉戴夔龍冠鴞形珮
高 10.5 公分

白玉，玉質溫潤有蠟狀光澤。鴞形片雕作站立狀，頭上戴有夔龍冠，夔龍頭大尾捲，鴞鉤喙，臣字眼，體豐厚，胸前及尾出扉棱，尾下垂內灣，兩面紋飾相同，線條流暢。(256 文 / 蔡國樑)

077 / 264　　　　P.076
商代｜白玉圓雕蹲坐熊
高 3.5 公分

白玉，和闐水料，玉質溫潤，表面受沁呈淺褐色、褐黃色並有白色斑點。體呈圓雕蹲坐熊，大眼，大耳，嘴閉，前足撫於膝側，以減地法飾關節紋、背紋，以陰線刻劃出手掌與腳掌，臉頰處有對穿圓孔，可繫繩。
(264 文 / 蔡國樑)

078 / 273　　　　P.045
商代｜黃玉圓雕雌雄虎一對
長 8.7 公分

全器沁成褐紅、褐黃、紅色等，圓雕雌雄雙虎，作匍匐狀，體修長，尾向上捲曲，臣字眼，雄虎虎頭前伸，雌虎頭微向下望，形象刻畫入微。(273 文 / 蔡國樑)

079 / 286　　　　P.038
商代｜白玉坐熊
高 7.8 公分

白玉，泛黃，玉質細潤有油質光澤，局部褐色、深褐色沁痕及灰皮。體呈圓雕蹲坐熊，臣字眼，豎耳，寬鼻，闊嘴，前足撫膝，嘴部穿小孔呈利齒，身飾關節紋、手足陰線紋，表情平靜生動。
(286 文 / 何滄霄)

080 / 318　　　　P.017
商代｜黃玉牛首飾
高 5.5 公分 寬 4 公分 厚 1.3 公分

和闐黃玉，玉質溫潤有油質光，局部受沁成淺褐黃色，半圓雕，牛首上有一對大彎角，臣字眼。中有單向鑽圓孔，另一面平素無紋。(318 文 / 蔡國樑)

081 / 325　　　　P.057
商代｜青玉饕餮紋斧
高 12.7 公分 寬 3.1 公分

青黃玉，泛青，局部有黑色沁痕。長方扁平體，上端較厚，頂有磨菇角，兩側有對鑽圓孔，下端磨出弧形刃部，斧身兩面均雕琢獸面紋，臣字眼，額頭菱形紋，無使用痕跡，應是禮儀用具或象徵權力的工具。(325 文 / 廖元滄)

082 / 326　　　　P.136
商代｜青玉牙璋
長 29.3 公分

青玉，局部有褐黑色、黑色等斑塊狀沁痕，平面看略成平行四邊形，柄窄短，柄中有圓穿，兩面均有相同的人像圖案，圖案以回紋分上下兩幅，每幅均有上下兩層，下幅下層為兩山，山上有雲氣紋，兩山外側置一璋，兩山之間置鉤狀物，上層為三人，戴穹窿頂帽，耳掛耳飾，著無袖短裙，兩手作揖狀，跪坐，上幅下層也有兩山，也有雲氣紋，圖案略不同於下方，上層有兩人，戴平頂帽，掛耳飾，著無袖短裙，兩手作揖狀，兩腳呈八字形站立，可能與祭祀禮制有關。
(326 文 / 蔡國樑)

083 / 369　　　　P.139
商代｜白玉牛形四孔儲色器
高 4.1 公分 長 10.4 公分

白玉質，玉表有灰皮及淺褐色沁痕，牛身方形作臥狀，頭前伸，耳飾於兩側，器頂淺浮雕雙角，牛背寬平，上有四圓孔，為儲色之用。(369 文 / 蔡國樑)

084 / 370　P.133
商代｜青黃玉圓雕立鴞
高 11 公分

黃玉，微泛青，玉質半通透有蠟狀光澤，邊緣有褐色沁痕，圓雕動物立鴞，圓眼，大勾喙，羽冠後披上捲，胸出扉棱，兩足粗壯有力，鉤爪，捲尾，鳥身飾羽紋、關節紋、箭紋、斜陰線紋等。
(371 文 / 吳振仲)

085 / 371　P.015
商代｜白玉圓雕鵪鶉
高 6.6 公分 長 7.1 公分

白玉，玉表光潔，玉質溫潤有油質光澤，圓雕一直立鵪鶉，圓眼，短頸，大喙，鳥身豐厚，足腳有力，鳥首向左凝視，似有所思，表情自然生動。(371 文 / 吳振仲)

086 / 373　P.091
商代｜
青黃玉圓雕蟠龍 (腹部銘文)
高 2.8 公分 底寬 8.1 公分

青玉，泛黃，灰皮，內蘊質變斑，玉質溫潤有油質光澤，圓雕，龍坐蟠踞狀，龍首居中，臣字眼，磨菇角，尖耳，身飾菱形紋。
(373 文 / 蔡國樑)

087 / 376　P.138
商代｜青玉雙饕餮紋斧
高 16 公分 寬 4.2 公分

青玉，玉質溫潤有油質光澤，近刃端有初期質變的白色斑及白化現象。長方扁平體，上端較厚，頂有磨菇角，中有圓穿，下端兩側磨出刃部，斧身兩面均雕琢兩組獸面紋，無使用痕跡。
(376 文 / 吳振仲)

088 / 377　P.047
商代｜黃玉圓雕蟠龍
高 4 公分 底寬 8.6 公分

黃玉，泛青，局部褐黃色沁，玉質油潤通透，圓雕卷尾蟠龍，龍首磨菇角上飾雲紋，臣字眼，身形捲曲表面陰刻菱形紋，底部琢雲紋。此龍體態端莊，質感優美，是商代肖生玉雕中精美作品。
(377 文 / 吳振仲)

089 / 381　P.131
商代｜白玉立人像
高 6.3 公分

白玉，玉質溫潤有油質光澤，人像作裸體站立，橢圓臉，大耳，嘴微笑，頭梳雙角狀髮髻，雙手置胯間，身有關節紋、盾牌紋，腳下有短榫。此玉人形似兒童，可能與當時的巫術有關。
(381 文 / 蔡國樑)

090 / 387　P.130
商代｜片雕玉龍
長 4.3 公分

全器沁成牙黃色，玉質不辨，片雕，龍體弧形，張口，臣字眼，磨菇角，背起脊棱，尾尖上捲，身有關節紋及盾牌紋，兩面紋飾相同。(387 文 / 蔡國樑)

091 / 395　P.141
商代｜青玉牛形瓏
高 1.8 公分 長 2.1 公分

青玉，局部有褐色沁及白化現象，牛身圓柱形，前端稍窄，上微凹，以減地隱起法琢出雙眼、雙耳、雙角、四肢及後尾，工法質樸，具有意象樸拙之美。
(395 文 / 蔡國樑)

092 / 405　P.085
商代｜白玉幼虎一對
長 4.8、4.9 公分
高 1.9、1.7 公分

幼虎原沁成褐色、褐黑色，其中一隻經正確盤玩，恢復玉性，即可辨為白玉質。虎作俯臥狀，低頭張嘴，臣字眼，尾上翹捲曲，身光素無紋，臉頰有對穿圓孔。
(405 文 / 蔡國樑)

093 / 054　P.145
商晚期｜白玉虎
高 2.3 公分 長 8.5 公分

白玉，局部有褐紅色沁痕，虎作俯臥狀，頭低下，大耳，臣字眼，尾上翹捲曲，身飾關節紋、菱形紋，近口部有對穿圓孔。(054 文 / 蔡國樑)

094 / 091   P.146
商晚期｜白玉蟠龍
高 5.7 公分 長 7.1 公分

白玉，半透明，玉質細潤，局部
有褐色、褐黑色沁痕，背部灰皮
明顯。體呈卷曲蟠龍，方頭，臣
字眼，蘑菇角，張口露齒，龍齒
係以圓管鑽成，身尾飾菱形紋、
關節紋，龍尾蟠捲於頷下，造形
優美，神態端莊。
（091 文 / 林振宇）

095 / 122   P.135
商晚期｜青黃玉龍紋玦
長 12.2 公分

青黃玉質，玉質油潤，頭部與背
部下緣有灰皮沁，龍首上方有單
面穿孔可繫綬，蘑菇角，臣字眼，
露齒，背有脊齒，尖尾上卷，身
飾雙陰線紋與雲紋，紋飾流暢，
已露斜刀風格端倪，屬商晚期作
品。（122 文 / 吳振仲）

096 / 218   P.134
商晚期｜黃玉童子騎獸
長 9.5 公分 高 6 公分

黃玉，泛青，玉質油潤通透，有
蠟狀光澤，局部灰皮沁斑，圓雕
童子騎獸，童子臣字眼，蒜頭鼻，
唇微凸，昂首低身，臀微翹，雙
首撫獸，騎於獸背上，獸臣字眼，
張口翹鼻，蹲伏於地，作欲奔躍
狀。（218 文 / 吳振仲）

097 / 221   P.142
商晚期｜白玉跪人
高 3.2 公分

白玉，局部有淺褐色，褐紅色沁
痕，玉人跪坐狀，臣字眼，蒜頭
鼻，小耳，短髮，雙手撫於膝上，
身飾關節紋，頭頂有鼻穿，可繫
繩。（221 文 / 蔡國樑）

098 / 279   P.140
商晚期｜白玉圓雕女媧形（人首
蛇身）珮
高 5.3 公分

白玉，玉質溫潤有蠟狀光澤，器
作人首蛇身，臣字眼，戴冠，捲
髮，尖鼻，下巴微突，頸部以下
作蛇身捲曲，身飾雲紋。
（279 文 / 蔡國樑）

099 / 344   P.025
商晚期至西周早期｜白玉鳥紋虎
耳圈足簋
高 8.3 公分 口徑 10.2 公分

白玉，玉質通透有蠟狀光澤，局
部有玉綹沁成淺褐色及土蝕斑。
圓雕圈足簋，平口，中空，高圈
足，圓雕玉虎攀附兩側飾耳，簋
身飾鳥紋、獸面紋、三角紋。圈
足簋器形來自商晚期青銅簋，青
銅簋是宗廟祭祀時盛裝五穀雜糧
的容器，以玉雕琢已非實用器，
可供觀賞、陳列、餽贈之用。
（344 文 / 吳振仲）

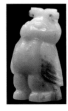

100 / 346   P.135
商晚期｜白玉圓雕立鴞擺件
高 9.2 公分

白玉質，左側翼與座底有褐斑。
體呈圓雕立鴞，頭上雕有雙耳，
腦後鳥冠成扉稜狀，有牛鼻穿
孔，臣字眼，雙眼微凸，鉤喙，
雙足與尾部形成三點支座。
（346 文 / 蔡國樑）

101 / 424   P.083
商代｜白玉圓雕立鴞
高 5.9 公分

白玉，灰皮，局部有銅綠沁。圓
雕，鴞作立姿，立耳，勾喙，臣
字眼，雙足與尾翼成鼎立狀，羽
翼飾鐵線紋，姿態平和。
（424 文 / 蔡國樑）

102 / 450　　　　P.141
商代｜白玉人背虎墜飾
高 8 公分

白玉，玉質油潤通透，局部褐紅色鐵沁斑。體呈圓雕立人，後背一虎，虎翹鼻，張口露齒，捲尾，耳伏貼，立人頭戴寬沿錐形平頂帽，著長袍，雙手交握於胸前，平視前方。(450 文 / 吳振仲)

西周

103 / 049　　　　P.169
西周早期｜白玉龍首紋蹲伏虎
長 18 公分

白玉，局部有褐紅、褐黃、黑色沁痕，尤以頭部較明顯。體呈圓雕蹲臥虎，虎身修長，臣字眼，耳作磨菇角形，尾上捲，周身有龍首紋、鳥紋、魚紋、竹節紋等，形態生動自然。(049 文 / 蔡國樑)

104 / 055　　　　P.162
西周｜白玉立人像
高 8.5 公分 橫寬 3 公分
深 2 公分

白玉，頭部有褐紅色沁痕，玉質細膩潤澤，半圓雕立人，圓眼，大耳，蒜頭鼻，闊嘴，雙手交握於腹部，身有關節紋，表情顯呆滯，可能屬於身份較高的巫醫。(055 文 / 蔡國樑)

105 / 076　　　　P.161
西周｜白玉人獸合體璜
長 11.8 公分 寬 2.2 公分

白玉，微泛青，兩端有白化及土蝕痕，片狀，兩面雕人獸合體紋，兩端以陰線配合斜刀法隱起相對人首紋，臣字眼、雲紋耳、鼻，器中雕身驅、肢、爪，兩獸身體盤繞，器頂端及底部有對穿圓孔。(076 文 / 蔡國樑)

106 / 077　　　　P.163
西周｜白玉人獸合體璜
長 12 公分 寬 3 公分 厚 0.6 公分

白玉，微泛青，片狀，璜形，兩面雕人獸合體紋，兩端以陰線配合斜刀法隱起相對人首紋，髮毛後披，臣字眼，雲紋耳鼻，長手獸爪，兩獸身體盤繞，器頂兩端各有對穿圓孔。
(077 文 / 蔡國樑)

107 / 079　　　　P.162
西周｜白玉龍紋束腰瑚
長 6.2 公分 直徑 2.1 公分

白玉，泛青，一端有皮蛋色沁痕及初期質變斑，玉質細膩潤澤。體呈圓雕束腰形圓管，以雙鉤及斜刀法雕雙龍紋，龍臣字眼，捲鼻，尖爪，兩龍糾結呈索狀紋，兩端有對穿圓孔，孔呈喇叭狀，全器拋光精細，紋飾繁而有序。
(079 文 / 蔡國樑)

108 / 080　　　　P.046
西周｜白玉夒龍
長 7.7 公分 寬 1.4 公分
厚 0.5 公分

全器沁成褐紅色、尾部黑色，係受高濃度鐵質影響，半圓雕一弧形龍，平頭嘴，梭形眼，尾上翹作 90 度回鉤。線條簡潔，力道十足。(080 文 / 蔡國樑)

109 / 133　　　　P.160
西周｜白玉人獸合體紋戈
長 24 公分 高 4.8 公分

大部份灰皮，透光處可見油潤玉質，扁平體，柄兩側出戟，刃部微內弧，人首臣字眼，雲紋耳，頭披長髮，髮絲細膩，嘴有獠牙，手足帶有利爪，以人獸合體構圖，身琢捲雲紋，紋飾流暢，工藝精美。(133 文 / 吳振仲)

110 / 137　　　P.159
西周｜黃玉龍紋環
直徑 10.9 公分

青黃玉，玉質細潤，局部灰皮與褐色鐵沁。圓形片狀體，中心有大孔，以雙陰線飾雙龍紋環繞全器，張口捲鼻，首尾相接呈漩渦狀環繞，兩面紋飾相同。
(137 文 / 吳振仲)

111 / 162　　　P.153
西周｜白玉回首龍
長 11.7 公分 高 3.1 公分

白玉，玉質半透明，底與尾局部受沁呈褐黑色，龍回首捲尾，身呈 S 形，底有四足，臣字眼，嘴部管鑽飾齒，雙角盤捲呈螺旋狀，為西周特徵，身飾雲紋、回字紋、鳥紋、盾牌紋，龍尾捲曲成圓孔，此圓雕體形碩大在商晚期西周初期實屬罕見。
(162 文 / 廖元滄)

112 / 165　　　P.161
西周｜人獸合體紋玉戈
長 21 公分

黃玉，玉質油潤，整器受沁成棕褐色，刃部微內弧，曲線優美，兩面紋飾相同，側面人首龍體，長髮後披，雲耳，尖鼻，臣字眼，嘴出獠牙，長髯及足，手足皆利爪，整體造型與山西博物館藏西周人首神獸紋玉戈雷同。
(165 文 / 蔡國樑)

113 / 166　　　P.164
西周｜青黃玉龍首珮
長 9.7 公分

青黃玉，玉質溫潤有油質光澤，一端有明顯灰皮及土蝕痕，片雕弧形龍紋，西周臣字眼，背起扉棱，尾向下收尖，兩面紋飾相同，口部有圓穿，可繫繩。
(166 文 / 蔡國樑)

114 / 231　　　P.158
西周｜青白玉豬形珮
長 3.9 公分

青白玉，半透明，玉質溫潤有油質光澤，頭部有明顯的褐紅色、黑色沁痕，半圓雕，豬雙足靠攏站立，鼻前伸，似準備進食，神態憨厚可愛，栩栩如生。
(231 文 / 蔡國樑)

115 / 236　　　P.156
西周｜青黃玉人龍合體珮
高 12.5 公分 寬 4.2 公分
厚 0.3 公分

青黃玉，玉質泛青，局部有塊狀與斑點狀灰皮，邊緣有淺黃色沁痕。片雕人龍合體，人橄欖眼，雲紋耳，獸圓眼，一端頂上有凸榫，榫有圓穿。(236 文 / 蔡國樑)

116 / 237　　　P.155
西周｜青黃玉龍鳳合體珮
高 5.9 公分 寬 10.3 公分
厚 0.5 公分

青黃玉，玉質泛青，局部有塊狀灰皮，整體輪廓呈雲朵形，周圍有扉牙及魚尾紋，片雕龍鳳合體，中心為鳳鳥，四周有四龍，鳳鳥圓眼，雲紋耳，龍有橢圓眼及重環眼，鳳鳥頂端有圓穿。
(237 文 / 蔡國樑)

117 / 245　　　P.164
西周｜白玉鳥紋柄型器
高 12 公分 寬 3.3 公分

白玉，微泛青，邊緣局部有淡褐色沁痕，器呈長條形，厚片狀，上部微斂如柄，中有圓孔，孔兩側以雙鉤法飾相向鳥紋，其下琢鳳鳥，尾翎上捲前繞並下垂，足踏夔龍首，下端有寬凸榫，兩面紋飾相同，線條清晰，為柄形器少見之精品。(245 文 / 蔡國樑)

118 / 250　　P.167
西周｜青黃玉人龍合體珮
高 12 公分

黃玉，泛青，玉質通透潤澤，局部灰皮，鏤雕蜷屈人身，人首在上，腦後雕一捲尾小龍，胸部為一龍紋，人身飾雙陰線紋，足部亦雕人首，此玉珮造型為人、龍合體。類同器形請參考北京故宮博物院藏西周人首龍形珮。
（250 文 / 廖元滄）

119 / 251　　P.156
西周｜白玉人龍合體珮
高 11.2 公分

白玉，微泛青，玉質溫潤半透明，片雕，整體為一蹲坐的人龍合體形象，玉人橄欖眼、圓眼、雲紋耳，龍重環眼，兩面紋飾相同，紋飾造形構思絕妙。
（251 文 / 蔡國樑）

120 / 252　　P.166
西周｜白玉鏤空雕龍鳳紋璜
高 11.9 公分

白玉，半透明，玉質微泛灰青，片雕，整體為一鏤雕璜形玉飾，四周出扉牙及魚尾，兩端雕龍首，菱形眼，龍身相互纏繞，鳳鳥圓眼、勾喙、雲紋耳，兩側有圓孔可繫繩。（252 文 / 蔡國樑）

121 / 253　　P.157
西周｜白玉人龍魚合體璜
高 13.2 公分

白玉，半透明，玉質溫潤有油質光澤，片雕，整體為一鏤雕璜形玉飾，四周出扉牙及魚尾，兩端雕龍首，重環眼，紋飾複雜，有龍紋、鳳紋、魚紋等，頂端及兩側有圓孔可繫繩。
（253 文 / 蔡國樑）

122 / 257　　P.158
西周｜白玉人形珮
高 10 公分

白玉，泛青，玉質溫潤有油質光，闊鼻平嘴，頭戴龍紋冠。腰束寬帶，下身著裙，長似過膝。衣裙周邊飾網格紋，似刺繡之花邊，腰下有「蔽䘏」，雙臂下垂，足穿翹頭靴，全器採雙面雕琢。
（257 文 / 吳振仲）

123 / 260　　P.157
西周｜青黃玉雙龍珮
高 5.3 公分 寬 9.3 公分

青黃玉，玉質通透有蠟狀光澤，局部灰皮，雙面片雕，龍紋呈上下左右對稱，橢圓眼，捲鼻，吐舌，邊緣中心有一圓穿，整體線條流暢，琢磨光滑。
（260 文 / 吳振仲）

124 / 277　　P.024
西周｜半圓雕虎形珮
長 8.5 公分

全器沁成褐紅色，中段黑色，係受高濃度鐵質影響，半圓雕，虎平頭嘴，魚尾，作奔躍狀，梭形眼，尾上翹，線條簡練，頗富動感。（277 文 / 蔡國樑）

125 / 321　　P.163
西周｜白玉虎形珮
長 7.2 公分

白玉，半透明，玉質溫潤有油質光澤，局部淺褐色沁痕，後肢及尾部灰皮較重，片雕一虎形璜玉飾，橢圓眼，尾上捲，以斜刀法飾雲紋、關節紋、虎皮紋，紋飾華麗，線條流暢。
（321 文 / 蔡國樑）

126 / 333　　P.044
西周｜白玉水銀沁雙龍紋環
直徑 9 公分

白玉，泛黃，大面積水銀沁，玉質溫潤，有油質光澤，圓形片雕，中心有單面鑽孔，琢首尾相接雙龍紋，龍首圓眼，捲鼻，口微張，以斜刀法飾雲紋與變形雲紋。
（333 文 / 吳振仲）

127 / 350　　　P.154
西周｜白玉魚
長 6.9 公分

白玉，全器呈淡褐色沁痕及斑點狀灰皮土蝕，片雕，璜形，圓眼，以陰線飾背鰭與腹鰭，近嘴部有圓形穿孔，可繫繩佩帶。
（350 文／蔡國樑）

128 / 382　　　P.050
西周｜白玉龍鳳紋珮飾
高 5.5 公分

白玉，半透明，微泛青，玉質晶瑩潤澤，內蘊質變初期的點狀白斑。片雕兩龍一鳳，鳳圓眼勾喙，龍分成龍與幼龍，橢圓眼，捲鼻，兩面拋光精細。（382 文／蔡國樑）

129 / 406　　　P.085
西周｜青黃玉龍首紋橄欖形長瑯
高 10 公分

黃玉，微泛青，玉質瑩潤，長條形玉管，兩端收斂，中端微鼓，似橄欖形，上端雕龍首，臣字眼，龍身纏繞而下，似索狀紋，內飾魚紋，全器光潔，線條流暢，為西周難得的玉雕精品。
（406 文／蔡國樑）

春秋戰國

130 / 082
P.174
春秋｜白玉龍首紋韘
長 2.7 公分　直徑 3.3 公分

白玉質，溫潤有油質光澤，局部有褐色、淺褐色沁痕，上端斜口，邊有橫槽，主要紋飾為龍首紋與變形雲紋。韘是古人射箭時套在拇指上用以拘弦，春秋時的韘，大都已不具拘弦功能，一般供觀賞、佩帶或饋贈之用。
（082 文／蔡國樑）

131 / 083　　　P.178
春秋｜白玉渦雲紋瑞獸
長 5.4 公分　寬 1.8 公分
高 3.2 公分

白玉，玉質溫潤有油質光澤，局部有褐色、黑褐色沁痕，圓雕一蹲臥獸，獸似虎，圓眼，捲鼻，捲尾，周身雕渦雲紋，背有通心穿，頗具生氣。（083 文／蔡國樑）

132 / 084　　　P.179
春秋｜白玉桓雲紋神人瑯
長 5.2 公分　寬 1.8 公分

白玉，玉質溫潤，底端局部有褐紅色、褐黃色沁痕，圓雕人形墜飾，長髮留於腦後，杏仁眼，蒜頭鼻，唇微凸，雙手撫於腹部，身飾雲紋、龍首紋，從頭頂至底端有上下通心穿。
（084 文／吳振仲）

133 / 085　　　P.175
春秋｜白玉浦紋 S 龍
長 6.6 分

白玉，玉質溫潤有蠟狀光澤，中段局部有深褐色、黑褐色沁痕，片雕 S 形龍，橢圓眼，鼻微上捲，斧頭形下顎，身飾蒲紋，頸部有圓穿，可繫繩佩帶。
（085 文／吳振仲）

134 / 086　　　P.178
春秋｜白玉虯龍
長 10 公分　寬 1.6 公分

白玉，玉質透潤，有油質光澤，局部灰皮，虯龍身以陰線雕琢細緻紋飾，尾部蜷曲成孔，可繫繩。
（086 文／鄭偉華）

135 / 220　　　P.183
春秋｜黃玉龍首紋四聯環
肉寬 3.5 公分　厚 0.5 公分

青黃玉，微泛青，有蠟狀光澤，兩端局部有灰皮及淺褐色沁痕，片雕一圓環，再等份分成四片玉璜，每片均琢三排龍首紋，從上至下各有六龍首、五龍首、四龍首，每璜兩端均有一個或兩個圓孔。（220 文／蔡國樑）

136 / 229　　　　P.179
春秋｜白玉胡人立像
高 6 公分

白玉，局部有淺黃色沁痕及灰皮，圓雕立姿胡人，大眼、高鼻，身穿通肩長袍，兩手交握於袖內，從胡人表情看，似來中原臣服。頂上有一上下貫通圓孔，可繫繩佩帶。（229 文／蔡國樑）

137 / 240　　　　P.072
春秋｜青黃玉踞坐俑
高 8 公分

青黃玉，半透明，局部灰皮，表面附著黑褐色鐵沁斑，圓雕一踞坐男俑，頭戴巾幘，身著曲裾袍，扭轉上身，並舞動雙手，似在陳述重要事情，生動自然。
（240 文／蔡國樑）

138 / 259　　　　P.174
春秋｜青黃玉羊首珮
高 6.8 公分

青黃玉，玉質通透，局部有少量的灰皮、硃砂及黑褐色沁痕，厚片雕一羊首，臣字眼，大彎角，竹節紋，菱形紋，上端有圓穿，背部凹弧無紋。（259 文／蔡國樑）

139 / 275　　　　P.173
春秋｜白玉虎符一對
長 9.3 公分

白玉，泛青，有蠟狀光澤，局部灰皮，有一大面積受土蝕呈褐紅、褐黃色。厚片雕一蹲臥捲尾虎，再從中剖為兩片，背面以象形虎字琢成凹凸榫，虎身以斜刀飾虎皮紋，此虎符用以發兵，流行於春秋戰國。（275 文／蔡國樑）

140 / 281　　　　P.069
春秋｜
白玉圓雕持璧、琮、圭、璜跪坐人
高 3.2 公分

白玉，玉質通透有玻璃光，其中二人局部有少量的灰皮，圓雕跪坐四人，頭戴長冠，衣右衽，分別手持璧、琮、圭、璜，推測是玩賞之物。（281 文／蔡國樑）

141 / 319　　　　P.172
春秋｜白玉變形龍首紋系璧
直徑 4 公分

白玉，泛黃，玉質溫潤有油質光澤，兩側局部有深褐色、褐色沁痕，片雕 環形璧 ，凡這類小型的環、璧、瑗統稱為系璧。兩面紋飾均雕琢變形龍首紋，龍，橢圓眼，鼻微上捲，垂耳，這種紋飾是雲紋、穀紋的前身。
（319 文／蔡國樑）

142 / 345　　　　P.182
春秋｜白玉七節穀紋璜
橫長 21 公分

白玉，玉質溫潤半透明，局部有褐紅色、褐色沁及灰皮，此玉璜由七塊美玉組成，中間一玉微弧似扇形，其上琢有回首臥獸，弧下有凸稜穿孔，供繫綬之用。此玉與左右兩扇面形玉飾均琢鉤連雲紋，其外兩側鏤雕龍首，龍首兩側外接橢圓形鏤雕捲雲紋玉飾，構圖巧思，琢工細膩，堪稱春秋玉雕精品。（345 文／蔡國樑）

143 / 352　　　　P.181
春秋｜白玉虎形珮
長 6.9 公分

白玉，玉質溫潤有油質光澤，局部有土蝕斑點。片雕動物，動物似虎，重環眼 ，尖耳，尾向上捲曲，利爪，虎背有陰線網格紋，近口處有一圓孔，可繫繩。
（325 文／鄭松林）

144 / 380　　　　P.174
春秋｜白玉咬尾龍
高 3.8 公分

白玉，泛黃，玉質通透有蠟狀光澤，局部淺層灰皮，橢圓眼，張口，捲鼻，龍身飾環節，背有鰭，首尾相接呈一圈，尾部有一圓孔，可繫繩。（380 文／吳振仲）

145 / 386　P.175
春秋｜條形玉飾
長 8.1 公分 寬 2.5 公分

玉質不辨，通體沁呈乳黃色，長方條狀，一端較粗鑽有長方形卯眼，卯眼兩壁有對稱圓孔，似用於嵌物固定，通體浮雕變形龍首紋、雲紋，器型特殊。
（386 文 / 蔡國樑）

146 / 291　P.177
春秋晚期｜白玉雙龍首珩一對
長 11.4 公分 厚 0.6 公分

白玉，玉質通透油潤，內蘊質變黑斑，兩端局部有紅褐色沁斑，片雕雙龍首玉珩，兩端龍首捲鼻弧形下頷，龍角後伏微凸，身飾四龍首紋，並以凸稜間隔，上方有圓穿，可繫綬佩帶。
（291 文 / 廖元滄）

147 / 336　P.181
春秋晚期｜白玉變形龍首紋扁瑓
長 9 公分 寬 2 公分

通體沁呈褐色，表面佈有淺層灰皮及玻璃光，透光處明顯可見白玉質，長條扁平體，兩側琢出齒形，兩面浮雕變形龍首紋與三角雲紋，整器造型對稱端莊，為春秋時期難得一見的精美扁瑓。
（336 文 / 廖元滄）

148 / 438　P.180
春秋｜白玉半圓雕雲紋虎形珮
長 6.7 公分

白玉，半透明，玉質溫潤有蠟狀光澤，頭部有白化現象及灰皮，半圓雕虎形珮，臣字眼，雲紋耳，捲尾，身飾減地隱起渦紋，嘴部有圓孔可繫繩。（438 文 / 蔡國樑）

149 / 455　P.181
春秋｜白玉變形龍首紋長玉管
長 12 公分 直徑 1 公分

白玉，半透明，局部有深淺褐色沁斑，體呈長管形，兩端口徑漸窄，以紐絲紋將長管分成四層紋飾，每層紋飾均由上下兩組變形龍首紋組成，紋飾複雜而華麗，琢工精湛。（455 文 / 蔡國樑）

150 / 461　P.178
春秋｜白玉變形龍首雲紋管瑓
長 3.4 公分 直徑 2.7 公分

白玉，泛青，大面積沁呈淺黃色，器呈梯形圓柱體，上下有一貫穿圓孔，與側邊圓孔相通，周邊滿飾龍首紋與雲紋，用途不詳。
（461 文 / 蔡國樑）

151 / 467　P.186
春秋｜白玉變形龍首雲紋環
直徑 5.4 公分 厚 0.6 公分

全器有硃砂與紅土附著，透光處可見溫潤白玉質，片狀環形，單面雕，浮雕八龍首環繞成圓，龍橢圓眼，捲鼻，雲紋耳，內圈飾紐絲紋。（467 文 / 吳振仲）

152 / 053　P.176
春秋晚期｜白玉龍首觿一對
長 8.5 公分

白玉，玉質溫潤有油質光澤，局部有褐色、褐黑色沁痕。片雕野豬獠牙形玉觿，觿上半段是龍首紋、雲紋，龍首重環眼，捲鼻，兩面紋飾相同。（053 文 / 蔡國樑）

153 / 219　P.206
戰國早期｜黃玉龍首紋鐲
外徑 7.3 公分 內徑 5.8 公分

黃玉，微泛青，玉質透潤，局部淺褐色沁痕及灰皮，鐲身分三層紋飾，上下層為斜陰線紋，中間飾龍首紋一周，橢圓眼，張嘴，翹鼻，雲紋耳，鐲兩端平切，尚有西周遺風。（219 文 / 蔡國樑）

154 / 368　P.078
戰國早期｜白玉透雕蟠虺紋出廓系璧
高 6.5 公分 寬 10.4 公分

白玉，半透明，局部有褐紅色、淺褐色、黑色沁痕，鏤空片雕出廓系璧，中央及兩端各有一對糾纏虺龍，系璧本體由穀紋與少量變形雲紋組成。（368 文 / 蔡國樑）

155 / 007　　　　　P.007
戰國｜瑪瑙穀紋玉全珮組件三枚
直徑 2.1 公分

白瑪瑙，局部有少量的淺褐色
沁，圓餅形，兩面滿飾穀紋，縱
面兩端有小孔貫穿，應是玉全珮
的組件。（007 文 / 蔡國樑）

156 / 029　　　　　P.197
戰國｜白玉穀紋 S 龍形珮
長 17 公分 高 7 公分 厚 0.5 公分

白玉，半透明，全器受沁呈褐黃
色，局部有淺層灰皮，珮體扁平，
全器成連續 S 形龍，龍身蜿蜒曲
折，滿飾穀紋，穀芽飽滿凸起，
排列有序，龍上唇向上內捲，角、
足、尾部刻有陰線紋，竹節紋，
珮上端中部有一穿孔，兩面紋飾
相同。（029 文 / 蔡國樑）

157 / 032　　　　　P.194
戰國中期｜厚片鏤雕青黃玉鉤連
雲紋龍形珮
高 15.4 公分 寬 10.2 公分
厚 0.8 公分

青黃玉，玉質通透純淨，偶有淺
褐紅色沁痕，厚片鏤空雕，龍低
首鼓腹，軀體作 S 形曲折，雲紋
尾翎、羽鰭層層舒捲，龍身滿飾
鉤連雲紋，兩面紋飾相同，此珮
玉質精良，琢工精湛，打磨光滑，
堪為戰國玉雕珍品。
（032 文 / 蔡國樑）

158 / 039　　　　　P.203
戰國｜白玉鏤空龍首帶璲
高 9 公分 橫寬 6.7 公分
厚 3.3 公分

白玉，玉質通透有蠟狀光澤，局
部有灰皮及土瘢，主體龍首之上
有雙身龍紋，底部有扁平行長方
孔，可穿革帶，龍首飾陰線鱗紋、
如意雲紋、紐繩紋、竹節紋，此
璲為服飾器，而非劍飾器。
（039 文 / 蔡國樑）

159 / 040　　　　　P.027
戰國｜青白玉双龍紋大珮
高 6.7 公分 橫寬 14.5 公分

白玉，泛青，玉質通透，上覆土
鏽沁與鐵沁斑，扁平體，鏤空雕
雙龍珮，龍首相背，鼓腹，龍尾
與虺龍相互纏繞呈雙 S 形，龍與
虺身飾網格紋、竹節紋、桓雲托
日紋等。此珮造形獨特，琢工精
緻，打磨光潔，屬戰國早期罕見
精品。（040 文 / 蔡國樑）

160 / 043　　　　　P.201
戰國｜白玉穀紋螭龍（虎）珮
高 7 公分 橫寬 10 公分

白玉質，大範圍灰皮，局部有淺
層白化現象。鏤空片雕，全器為
一回首弓背螭龍，龍張嘴，捲鼻，
尾捲曲上翹，身飾穀紋、雲頭紋、
竹節紋、紐絲紋、網格紋等，穀
紋飽滿疏朗有序，紋飾豐富華麗。
（043 文 / 蔡國樑）

161 / 056　　　　　P.190
戰國｜白玉穀紋 S 形龍
高 2.5 公分 橫寬 8 公分
厚 0.6 公分

白玉，玉質泛黃通透，下半部灰
皮，鏤雕 S 形龍，龍身舒捲，通
體穀紋，穀芽飽滿凸起，富立體
感，上端中間有圓穿，可繫繩佩
戴。（056 文 / 蔡國樑）

162 / 092　　　　　P.199
戰國｜白玉穀紋 S 龍一對
長 8.5 公分 高 7.3 公分

白玉，微泛青，玉質通透，有油
質光澤，局部淺褐色沁斑與灰
皮，片雕 S 形龍，一對兩片，龍
橢圓眼，張口捲鼻，通體飾穀紋，
穀芽飽滿，尾鰭飾陰線花葉紋。
（092 文 / 蔡國樑）

163 / 093　　　　　P.049
戰國｜白玉穀紋 S 龍鳳珮
長 10.7 公分 寬 5.3 公分

白玉，玻璃光，玉質半透明，有
油質光澤，局部灰皮與褐黑色沁
痕，片雕 S 形龍，龍張口捲鼻，
兩側有鳳鳥攀附，通體穀紋，背
有一圓穿，可繫綬。
（093 文 / 林振宇）

164 / 110　　　　P.197
戰國｜白玉穀紋雙龍首璜
長 17 公分

白玉，微泛青，玉質溫潤通透，局部淺褐色沁痕及灰皮，片雕璜形玉飾，兩端鏤雕側面龍首，龍身淺浮雕穀紋，穀芽飽滿，排列有序，璜下方續雕鏤空雙鳳，鳳尖爪、鉤喙、羽冠高聳，相背而立，整體而言，玉質優美，紋飾對稱，佈局嚴謹，琢工一流。
（110 文／蔡國樑）

165 / 111　　　　P.024
戰國｜白玉圓雕龍首鹿角珮飾
長 7.1 公分

全器受土中鐵質沁呈褐紅色，透光處仍可辨為白玉質，圓雕一龍首，杏仁眼，尖耳，鹿角，龍首飾花葉紋、竹節紋等，造型奇特，氣勢磅礡。（111 文／蔡國樑）

166 / 134　　　　P.196
戰國｜
白玉變形穀紋（水）龍虎觽
長 12.1 公分

白玉質，器表有些微灰白沁，玉質瑩潤呈現玻璃光澤，一端雕琢虎首，器身琢有變形雲紋，另一端琢尖吻水龍，當可用以解結，故稱之為觽。兩端獸面皆刻有花葉紋，器身中鑽有一孔，以利配載。（134 文／鄭松林）

167 / 136　　　　P.195
戰國｜白玉穀紋 S 龍形珮
長 14 公分

全器沁成灰青色，透光處仍可見白玉質，玉質通透純淨，邊緣偶有白化現象，鏤空片雕，龍低首鼓腹，軀體作 S 形，雲紋尾翎、羽鰭層層舒捲，龍身滿飾穀紋，兩面紋飾相同，線條流暢，打磨光滑。（136 文／鄭松林）

168 / 138　　　　P.193
戰國｜黃玉穀紋 S 龍鳳珮
直徑 10.8 公分

黃玉，泛青，玉質半通透，局部有淺褐色沁痕及灰皮，玉表有少量硃砂附著，片雕 S 形龍，橢圓眼，捲鼻，魚尾，羽鰭勾捲，龍身滿飾穀紋，兩面紋飾相同。
（138 文／吳振仲）

169 / 140　　　　P.043
戰國至西漢｜黃玉素面羽觴杯
長 10.8 公分 高 2.4 公分

青黃玉，玉質瑩潤，局部有褐色沁斑及灰皮。器身如船形，敞口，淺腹，平底矮圈足，全器光素無紋，打磨光潔，兩側半月形耳，如同鳥之雙翼，故名「羽觴」。羽觴杯又稱羽杯、耳杯，是中國古代一種飲酒器，始於戰國，盛於西漢，古時天子祭祀時用爵飲酒，公卿以下用漆器羽觴飲酒，而玉製羽觴杯是天子玩賞與餽贈之用。（140 文／鄭松林）

170 / 149　　　　P.207
戰國｜黃玉同心圓龍首紋雙層璧
直徑 8 公分

黃玉，泛青，玉質通透有油質光澤，局部褐紅色沁痕，片狀體，同心圓雙層璧，內外層璧以四個橫檔相連，兩面紋飾相同，均以減地隱起法飾龍首紋、變形雲紋。
（149 文／吳振仲）

171 / 151　　　　P.198
戰國｜青黃玉鉤連雲紋高足杯
高 10.5 公分

青黃玉，玉質細潤有玻璃光，局部灰皮，杯身呈口大底小的桶形，杯座似玉豆形，自上至足有五層紋飾，第二、第四層為鉤連雲紋，第一、三、五層分別為雲矩紋、S 形紋、蓮瓣紋。類同器形請參考西安市文物局藏阿房宮遺址出土之秦高足玉杯。
（151 文／廖元滄）

白玉，玉質溫潤有玻璃光，局部
灰皮，觽角雕一水龍，下頜呈斧
形，後下方雕有一腹鰭，觽的另
一端雕虎首，觽身有變形穀紋，
中間有一楻鑽圓孔，用於佩戴。
(156 文 / 廖元滄)

青黃玉，質地細潤，半透明，有
玻璃光，局部灰皮及淺褐色沁
斑，兩端雕對稱龍首、杏眼、翹
鼻、長角、利齒、下頜捲曲，紐
絲紋鬃毛，頰上飾有水滴紋，龍
身浮雕穀紋。璜下緣透雕回首雙
鳳紋，勾喙，長冠，頸飾龒養紋，
雙鳳中間透雕「韓」字。玉璜上
方有一個穿孔可繫綬。
(167 文 / 陳明志)

白玉，半透明，有油質光澤，有
1/3 面積明顯遭受土蝕，少部份
沁呈淺黃色。全器成同心圓雙層
璧，外璧等距出廓四獸，獸尾下
垂捲曲貼附於璧緣上，外璧滿飾
兩層向左凝視之龍首紋，內層則
飾一層向右凝視之龍首紋，佈局
莊嚴，線條流暢，為難得一見之
戰國早期玉雕作品。
(168 文 / 蔡國樑)

白玉，玉質通透有明顯玻璃光，
局部褐紅色沁痕。兩層疊式玉
璜，每層璜皆雙龍首，上層璜滿
飾穀紋，下層飾鉤連雲紋，龍首
均翹鼻、長角、利齒、下頜銳利，
龍頰刻飾花葉形紋、水滴紋，為
楚式玉器特有的風格。
(179 文 / 陳明志)

白玉，玉質溫潤通透有油質光
澤，局部有黑褐色沁痕、灰皮與
硃砂物覆著。扁形體，全器為鏤
空雕饕餮紋，頂上懸掛一對鳳
爪，兩側攀附無首鳳鳥，以 C 形
利爪飾饕餮兩耳，空隙處以捲雲
紋補白，並以翹浮雕突顯鉤捲的
雲紋轉折處，頗有立體效果。翹
浮雕技法最早裝飾於春秋中後期
的青銅禮器上，戰國時偶用於玉
雕裝飾，是一項費料費工的玉雕
工藝。此大珮造形奇特，琢工一
流，打磨光滑，不失為戰國玉雕
奇珍。(191 文 / 蔡國樑)

全器沁呈褐黃色，局部灰皮，開
窗處可辨為黃玉，玉質溫潤有蠟
狀光澤，厚片狀，鏤空出廓璧。
璧頂端為雙頭虎，兩側為捲尾
虎，璧中鏤空雕四只身軀相互纏
繞螭龍，此璧玉質優美，構圖巧
思。(202 文 / 蔡國樑)

白玉，玉質通透有油質光澤，局
部有灰皮及淺褐色沁痕，厚片，
扁長條形器，中段較寬，器上滿
飾淺浮雕龍紋，由下往上依序
為，蟠虺紋、雙層饕餮紋、雙層
蟠虺紋、夒龍紋，四角及較寬處
有穿孔，可縫綴於革帶上，推斷
應為君王坐騎之車馬用玉。
(203 文 / 蔡國樑)

白玉，玉質通透有蠟狀光澤，局
部有淺層灰皮，片雕虎形，橢圓
眼，翹鼻，捲尾，足微屈，口以
圓管鑽成，身飾網格紋、變形雲
紋、竹節紋等。(223 文 / 蔡國樑)

180 / 228　P.204
戰國｜白玉立人像
高 5.8 公分

全器沁呈紅褐色，透光處可辨為
白玉質，圓雕一立人，杏仁眼，
蒜頭鼻，雲紋耳，戴圓頂帽，身
著右衽長袍，推斷是王侯將相宅
中的總管。(228 文 / 蔡國樑)

181 / 241　P.191
戰國｜白玉穀紋栱形龍形嵌件
高 5 公分　橫寬 8.6 公分

白玉，玉質細潤有油質光澤，局
部淺褐色沁痕與灰皮。器呈微 L
拱形，龍橢圓眼，張口，捲鼻，
翹尾，身飾穀紋，器形奇特，研
判是某飾件的鑲嵌器。
(241 文 / 蔡國樑)

182 / 258　P.204
戰國至西漢早期｜
白玉圓雕舞人珮
高 6.2 公分

白玉，玉質溫潤有油質光澤，底
部裙襬局部有深褐色沁斑。器呈
圓雕屈腿轉身玉人，玉人髮向
腦後盤成螺髻，身著長袖右衽舞
衣，上下擺動雙手，作舞蹈狀。
玉舞人流行於戰國，多作佩飾與
玉全珮組件。(258 文 / 蔡國樑)

183 / 265　P.023
戰國｜白玉水銀沁變形雲紋璥
高 2.7 公分

和闐白玉，乾坑。半邊明顯水銀
沁，矮圓管狀，兩端平整，中鑽
圓孔，兩端刻出邊框，周邊以減
地法滿飾變形雲紋。
(265 文 / 鄭松林)

184 / 269　P.038
戰國｜白玉鉤連雲紋三鳳出廓璧
直徑 6.9 公分　最寬處 9.8 公分

白玉，玉質通透，有玻璃光，局
部有褐色沁痕，左半部有鈣白現
象，片雕一環，鏤空雕三鳳鳥緊
貼於環外緣，環身飾鉤連雲紋。
(269 文 / 蔡國樑)

185 / 270　P.026
戰國｜白玉四靈紋雙鳳出廓璧
直徑 13 公分　最寬處 18.8 公分

白玉，玉質局部通透，一端有鈣
白及土蝕現象，扁平體，璧兩側
各雕鳳鳥緊貼外緣，鳳鳥長冠，
鉤喙，鼓腹。璧作兩層紋飾，外
層飾四靈動物，內層飾穀紋，以
紐絲紋區隔。(270 文 / 蔡國樑)

186 / 322　P.055
戰國｜白玉穀紋變形璧
直徑 7.1 公分　厚 0.5 公分

全器沁呈雞骨白色，微泛黃，開
窗可見青白玉質，器上滿是穀紋，
穀芽飽滿，原是片雕玉璧，長期
在土中受地壓、地熱影響，逐漸
變形。(322 文 / 蔡國樑)

187 / 355　P.214
戰國｜白玉鏤空雙龍珮
長 11.7 公分　高 4 公分

和闐白玉，玉質泛黃，局部褐黃
色沁斑及附著有鐵鏽渣，並有些
微鈣白，體略呈長方形，兩側為
兩條相背的虯龍，二龍身尾相連，
整體造型與徐州楚王墓出土西漢
雙龍玉珮幾乎一模一樣。
(335 文 / 廖元滄)

188 / 389　P.029
戰國｜鉤連雲紋筒形器 (髮飾)
高 6 公分　外徑 5.7 公分

火坑，全器沁呈雞骨白，局部有
明顯土蝕痕，開窗處仍可見白玉
質，筒形中空，稍束腰，兩端平
直，筒身滿飾鉤連雲紋。
(389 文 / 蔡國樑)

189 / 403　P.007
戰國｜瑪瑙環
外徑 4.2 公分

白瑪瑙，質料半透明，縱切面成
菱形，邊緣琢磨犀利，全器光素
無紋，打磨光潔，是玉組珮組件
之一。(403 文 / 蔡國樑)

190 / 408　　　　P.031
戰國｜白玉魚尾龍珮飾
高 5.4 公分 長 10 公分

白玉，玉質通透有油質光澤，片
雕捲尾龍，橢圓眼，張口，捲鼻，
魚尾，身飾變形雲紋、變形龍首
紋、變形花葉紋，全器靜白無瑕，
屬水坑環境的澄水玉。
（408 文 / 蔡國樑）

191 / 272　　　　P.201
戰國晚期｜黃玉虎形珮
長 13.3 公分 高 4.5 公分

黃玉，泛青，玉質通透有蠟狀光
澤，片雕虎形璜，杏眼，張口露
齒，下顎斧頭形，捲尾，利爪，
身飾鉤連雲紋、竹節紋、花葉紋、
陰線紋等，兩面紋飾相同。
（272 文 / 蔡國樑）

192 / 419　　　　P.206
戰國晚期｜青白玉穀紋螭虎珮
長 8.1 公分 高 6.2 公分

白玉，透青，玉質瑩潤有油質光
澤，邊緣局部灰皮及鈣白，厚片
雕龍形飾，龍昂首鼓腹，張口露
齒，捲尾，利爪，周身飾穀紋，
間飾網格紋、竹節紋、紐絲紋，
神態威猛，氣勢磅礴。
（419 文 / 蔡國樑）

193 / 434　　　　P.009
戰國｜白水晶咬尾龍
高 5.3 公分

白水晶，質通透，器身佈滿褐紅
色鐵斑，半圓雕，龍捲鼻，張嘴
露齒，斧頭形下顎，魚尾，身飾
紐繩紋。（434 文 / 蔡國樑）

194 / 436　　　　P.009
戰國｜綠松石咬尾龍
高 4.5 公分

綠松石，夾雜黑褐色沁，龍首銜
尾彎曲如環，龍口大張，露齒，
上唇前捲如鼻，下唇後翻，眉骨
尖狀凸起，鬃鬣飄捲。造型簡潔
生動，頗有藝術價值。
（436 文 / 蔡國樑）

195 / 444　　　　P.202
戰國早期｜白玉龍紋戈
長 9.7 公分

白玉，內蘊黑點，玉質通透有油
質光澤，局部有褐紅色沁痕及少
量灰皮。全器鏤空雕一無欄龍紋
戈，龍飾橢圓眼，長鼻，張口，
翹尾，作奔躍狀，後緣陰刻獸面
紋，上下刃刻虺紋。此戈無殺傷
力，研判應是軍事將領的權杖嵌
件。（444 文 / 蔡國樑）

196 / 468　　　　P.209
戰國｜白玉鉤連雲紋帶蓋巵式卮
高 9.5 公分 底徑 8.8 公分

白玉，泛青，玉質通透細潤有油
質光澤，局部有褐黃色沁斑。卮
體呈圓筒形，一側有圈形鋬，上
有蓋，蓋抓手飾柿蒂紋，直口，
平底，下承三矮足，蓋及卮身飾
鉤連雲紋。此卮直徑較寬，形似
奩，可稱為奩式卮，造形優美，
琢工精湛，堪稱戰國後期玉雕精
品。（468 文 / 蔡國樑）

197 / 174　　　　P.070
戰國晚期｜白玉翹尾神獸
長 13 公分 高 3.5 公分

白玉，玉質晶瑩泛油光，內蘊黑
色斑點，部分受沁白化。體呈圓
雕虎形辟邪獸，體態修長，頭微
上揚，雙角後伏，雙目炯炯有神，
裂嘴露獠牙，頷下生髯，頰後披
毛，四足生鬃毛，獸身伏地，四
足蹲踞，長尾曲翹，做欲撲殺狀，
兇猛機警的神態，表露無疑。
（174 文 / 陳明志）

198 / 312　　　　P.205
戰國｜白玉虺龍紋削刀（文書工具）
長 15.8 公分、15.2 公分

白玉，玉質瑩潤微透，大面積有
深褐色、褐色沁痕，器形如環首
玉刀，刀首飾蟠虺龍，刀背有數
道以交錯陰線組成的斜向紋飾，
兩面刃。玉雕刀非實用器，推斷
是當時玩賞、餽贈之用。
（312 文 / 蔡國樑）

199 / 213　　　　P.208
戰國｜白玉變形雲紋 S 龍鳳珮一對
長 12.6 公分　寬 7 公分

和闐白玉，玉質細潤半透明，局
部灰皮。體呈片雕 S 形龍一對，
龍首捲鼻，弧形下頜，龍身一鰭
足變形為鳳首，龍背上方有一桯
鑽圓孔，用以佩戴。龍身雕琢龍
首紋、變形雲紋，間飾網格紋，
為典型戰國風格。
(213 文 / 廖元滄)

秦及兩漢

200 / 232　　　　P.058
秦代｜白玉雙身龍紋 M 形飾
高 4.7 公分　寬 6.1 公分

局部褐色沁與大面積灰皮，開窗
處明顯可見白玉質。器呈英文字
母 M 形，圓雕雙身龍，橢圓眼，
龍身以直角分向兩側，尾直立上
翹，周身陰刻捲雲紋，造型獨特。
(232 文 / 蔡國樑)

201 / 379　　　　P.218
秦代｜白玉捲尾龍
高 5.6 公分

白玉，泛黃，質地通透，局部有
淺層灰皮，片狀體，龍作 C 形，
捲鼻，吐舌，角後伸，尾部下垂
呈 180 度倒鉤，龍身飾捲雲紋，
背部有圓穿，可繫綬佩戴，整體
造形頗有戰國遺風。
(379 文 / 吳振仲)

202 / 418　　　　P.235
西漢｜白玉穀紋虎形珮
長 12 公分　高 5.9 公分

半透明和闐白玉，局部灰皮及白
化，透雕作虎形，虎弓身低首，
眼圓睜，斧形嘴，前後肢蹲屈，
尾垂捲，作蓄勢待發狀，虎身飾
臥蠶紋、花葉紋、竹節紋、捲雲
紋等，背有圓穿。類同造型請參
考哈佛博物館藏虎形珮。
(418 文 / 蔡國樑)

203 / 087　　　　P.029
西漢早期｜白玉鷹熊 (英雄)
高 9 公分

全器幾乎鈣白，透光及開窗處，
明顯可見溫潤白玉。體呈圓雕飛
鷹停駐於熊首上，鷹首向下張
望，熊張口露齒，搔首而立，鷹
翼以陰線飾羽鱗，刻畫入微，熊
肌肉線條生動寫實，兩者組合意
寓英雄。(087 文 / 林振宇)

204 / 439　　　　P.008
西漢｜瑪瑙辟邪獸
高 5.2 公分　長 5.9 公分

白瑪瑙，質通透，局部泛紅，底
有灰皮，圓雕辟邪獸，凸眼，張
嘴露齒，雙翼高聳，四肢前伸，
轉首凝望，神情威猛。
(439 文 / 蔡國樑)

205 / 267　　　　P.033
西漢早期｜黃玉淺浮雕四靈紋琮
高 6.5 公分

黃玉，泛青，玉質凝厚有蠟狀光
澤，器表有水沁點狀橘皮痕，小
部份灰皮。整體為外方內圓玉琮，
四面各浮雕一靈獸，即青龍、白
虎、朱雀、玄武，四靈體態生動，
線條柔美。(267 文 / 蔡國樑)

206 / 316　　　　P.219
西漢早期｜白玉三龍紋鏤空出廓璧
直徑 13.7 公分　最寬處 17.2 公分

白玉，玉質半透明有油質光澤，
局部有褐紅色沁痕與灰皮。扁平
體，璧身飾三角鉤連縠紋，孔中
鏤雕長吻遊龍，龍身曲折，長尾
翻捲與背聯成圓環。璧上端兩側
透雕雙龍，龍昂首鼓腹，捲尾，
立於璧緣，龍身飾鱗紋、竹節紋。
(316 文 / 蔡國樑)

207 / 036　　　　P.231
西漢｜青黃玉圓雕坐豹
高 5.9 公分　橫寬 11.4 公分
深 5.8 公分

青黃玉，玉質細潤，大面積有褐
紅色沁斑與土蝕，豹圓雕，板狀
底座，豹體屈臥，尾夾縮腹下，
並上捲於背，上飾竹節紋。
(036 文 / 蔡國樑)

208 / 041　　P.222
西漢｜黃玉穀紋龍形飾片一對
高 10 公分 寬 6 公分 厚 0.6 公分

黃玉，泛青，玉質通透有玻璃光，局部灰皮。片雕一對昂首鼓腹 S 龍，尾平切，龍身滿飾穀紋，穀芽飽滿而立體，姿態優美，力道渾厚。(041 文 / 蔡國樑)

209 / 042　　P.235
西漢｜白玉鏤雕龍鳳紋珮
高 9.4 公分 橫寬 8.7 公分
厚 0.7 公分

白玉，玉質通透，邊緣褐黃色沁痕，扁平體，紋飾分兩層，外層透雕雙龍，龍首相背，龍身修長下飾小鳳，內層透雕鳳鳥，昂首挺胸，張口捲尾，作奔騰狀。
(042 文 / 蔡國樑)

210 / 045　　P.232
西漢｜白玉鏤雕龍鳳紋出廓璧
高 9.2 公分

白玉，玉質通透有蠟狀光澤，局部褐黃色沁並伴有硃砂土斑，扁平體，出廓璧主體由龍身圈成，龍身飾鱗紋、羽紋，璧孔透雕鳳鳥，張口捲尾，尾翻捲如雲，身飾花葉紋、竹節紋、網格紋等。
(045 文 / 蔡國樑)

211 / 047　　P.225
西漢｜白玉神人騎獸
長 13 公分 高 7.2 公分

白玉，泛黃，玉質油潤通透，局部灰皮與土斑，辟邪獸昂首鼓腹，作奔騰狀，背騎一神人，雙手緊握鬃鬣，羽翼飛揚，整體具速度感及流暢感。
(047 文 / 蔡國樑)

212 / 090　　P.023
西漢｜白玉水銀沁辟邪獸
長 3.5 公分 橫寬 9.9 公分
深 4.9 公分

白玉，泛青，玉質半透明，有油質光澤，局部黑褐色沁痕。體呈圓雕辟邪獸，頭生獨角，張口露齒，如意雲頭鼻，肩出雙翼，四肢強健有力，作匍匐前進狀。
(090 文 / 林振宇)

213 / 116　　P.042
西漢｜
白玉兩次出土浮雕螭龍紋劍珌
長 5 公分 高 3.5 公分

全器幾乎鈣白，少部份褐紅色沁痕，玉表明顯有砂蝕痕，器作梯形，一面高浮雕蟠螭龍，另一面刻鉤連雲紋，從土蝕與鈣白情況推斷，此珌應被兩種坑口所沁。
(116 文 / 蔡國樑)

214 / 120　　P.035
西漢｜青黃玉仙獸賀壽鐲
直徑 7.5 公分 內徑 6.1 公分

黃玉質，泛青，玉質油潤通透，有油質光澤，局部褐紅色沁與灰皮，玉鐲表面微弧凸，滿刻仙獸漫步雲中，有天馬、仙鹿、靈蛇、飛熊等，形象生動逼真，琢工精美。(120 文 / 蔡國樑)

215 / 121　　P.228
西漢｜
白玉獸面紋劍璏（未完工有銅沁）
高 2 公分 橫寬 6.6 公分

白玉，泛青，玉質通透，有淺層銅綠沁，此為未完工之劍璏，其線紋係雕琢前底稿，獸面紋線條淺薄而斷續，刻紋依稀可見。
(121 文 / 蔡國樑)

216 / 216　　P.066
西漢｜青黃玉鳳螭紋鞢形珮
長 7 公分

黃玉，泛青，玉質通透有玻璃光，邊緣局部有褐紅色及褐黑色鐵沁。盾牌形片狀體，盾飾網格紋與捲雲紋，中有圓孔，外側透雕螭龍與鳳紋，螭龍肌健浮凸，遒勁有力，在平面中取得立體效果。(126 文 / 吳振仲)

217 / 147　P.226
西漢｜白玉螭龍紋劍飾器一組
劍首 直徑 5.3 公分 厚 1.2 公分
劍璏 長 6.2 公分 厚 1.4 公分
劍珌 長 10.9 公分 厚 1.5 公分
劍珌 長 6.2 公分 厚 1.5 公分

四件均為白玉，質地溫潤半透
明，劍首、劍珌潔淨，劍璏、劍
珌局部有灰皮，劍首中部浮雕蟠
螭虎，四周飾三角雲紋，劍璏飾
饕餮紋，劍珌飾獸面紋與捲雲
紋，劍珌飾 T 字雲距紋，均無使
用痕跡。(147 文 / 蔡國樑)

218 / 155　P.221
西漢｜白玉圓雕龍首勺
長 18.6 公分 寬 5.3 公分

白玉，轉淺秋葵色，內蘊初期質
變斑，玉質晶瑩潤澤，局部有玻
璃光。體呈圓雕玉勺，柄端雕一
龍首，長吻張口，頭上雙角往後
延伸伏貼，雙目圓睜炯炯有神，
勺身曲線優美，整體造型與上
海震旦博物館西漢龍首勺類似。
(155 文 / 廖元滄)

219 / 164　P.232
西漢｜黃玉舞人飾
高 19 公分

和闐黃玉，造型為西漢女舞人，
右手甩袖至頭上，左袖右擺再迴
轉至膝部左側，舞人裙擺雕成刀
形，生動地表現出扭腰甩袖的舞
人神態，類同造型請參考上海震
旦博物館藏舞人珮。
(164 文 / 廖元滄)

220 / 169　P.231
西漢｜白玉坐熊花插
高 9.4 公分 底寬 8.3 公分

白玉，泛黃，大面積灰皮，透光
及開窗處可見溫潤白玉質。體呈
圓雕蹲坐熊，眼圓睜，張口露齒，
吐舌，肚大而渾圓，前足撫膝，
肩出雙翼，後腦近背部，有圓管
形凸起，管內掏空可用作花插，
全器拋光精細。(169 文 / 鄭偉華)

221 / 175　P.021
西漢｜青黃玉 S 形辟邪獸
長 8 公分 高 3.3 公分

黃玉，泛青， 局部褐紅色沁痕與
灰皮。體呈圓雕獅形辟邪，身形
呈 S 形伏臥狀，獨角，張口露齒，
雙耳後聳，面頰上雕琢短陰線紋，
肩出雙翼，尾垂捲貼於後臀，神
態威猛壯健。(175 文 / 陳明志)

222 / 180　P.229
西漢｜白玉高浮雕螭龍紋劍飾器
劍首 直徑 6.2 公分 高 2.3 公分
劍璏 橫寬 7.5 公分 厚 2.4 公分
劍珌 長 11.1 公分 厚 2.3 公分
劍珌 高 4 公分 寬 7.2 公分
　　 厚 2.4 公分

白玉，玉質溫潤半透明，有油脂
光澤，局部有淺褐色沁痕。一組
四件劍飾器，高浮雕穿雲螭紋，
紋飾清晰，雕工線條流暢而犀利，
有戰國遺風，以曲線的扭轉張力
來表現動態感，將神獸的動態表
現無遺，是西漢獨特風格。本組
劍飾器集立體圓雕、鏤空雕、淺
浮雕、陰刻等工藝技術，堪稱西
漢玉具劍精品。(180 文 / 陳明志)

223 / 235　P.089
西漢｜白玉獸首捲雲紋劍珌
長 9.3 公分 高 1.4 公分
寬 2.7 公分

白玉，玉質油潤通透，器表有褐
紅色沁斑，長方形，表面以隱起
技法雕獸面紋與捲雲紋。背面有
長方形銎，供鑲嵌劍鞘後再以絲
帶綁紮，使之牢固。
(235 文 / 蔡國樑)

224 / 254　P.233
西漢｜白玉鏤雕螭獸紋韘形珮
高 8.2 公分

白玉，微泛青，玉質通透有油質
光澤，周圍有褐色沁與灰皮，長
圓形，中有大孔，一面稍凹，另
一面微拱，周圍附飾，右為雙螭
虎相背纏繞，左為體形修長瑞獸，
細部以細陰線點綴。
(254 文 / 蔡國樑)

225 / 297　　　　　　　P.059
西漢｜青黃玉羽人坐像
高 6.1 公分

黃玉，玉質青黃色，局部灰皮。
體呈圓雕跪坐羽人，披髮，杏眼，
小嘴，凸鼻，雲紋耳，後背有下
垂羽翼，雙手似在捧物。
（297 文 / 蔡國樑）

226 / 343　　　　　　　P.030
西漢｜白玉水坑穿雲螭龍紋出廓璧
全高 13.7 公分

和闐白玉，玉質瑩潤，少部位受
沁呈淺褐色。透雕出廓璧，璧上
緣透雕一龍，角與尾呈捲雲狀，
璧下緣兩側各透雕一兇猛螭虎，
璧一面浮雕四隻穿雲螭，另一面
浮雕兩層紋飾，外環為四隻穿雲
螭，內環為乳釘紋，整體紋飾精
雕細琢，型態端莊優美，在漢代
玉璧中十分罕見。
（343 文 / 廖元滄）

227 / 347　　　　　　　P.073
西漢｜白玉高浮雕穿雲螭劍飾器
劍首 直徑 6 公分 厚 3.9 公分
劍璏 橫長 8.5 公分 厚 3.1 公分
劍珌 長 12.5 公分 厚 3.5 公分
劍珌 高 6 公分 橫寬 3.5 公分

白玉，玉質溫潤半透明，有油脂
光澤，局部有灰皮及硃砂附著。
一組四件劍飾器，高浮雕穿雲螭
與鳳紋，紋飾清晰，線條犀利，
頗有戰國遺風，以曲線的扭轉張
力來表現動態感，將神獸的動態
表現無遺，是西漢獨特風格。本
組劍飾器集立體圓雕、鏤空雕、
淺浮雕、陰刻等工藝技術，堪稱
西漢玉具劍精品。
（347 文 / 鄭偉華）

228 / 348　　　　　　　P.072
西漢｜白玉辟邪獸
長 17.5 公分 高 13 公分

白玉，泛青，玉質溫潤半透明泛
油脂光澤，局部淺褐色沁痕及灰
皮。圓雕辟邪獸，獸昂首挺胸，
張口露齒，長尾曳地，頓地有聲，
跨步遊走，狀似低吼，做蓄勢待
發狀。（348 文 / 何滄霄）

229 / 358　　　　　　　P.234
西漢｜白玉龍鳳紋璽
高 6.4 公分 長 6.1 公分
寬 6.1 公分

白玉，玉質通透有油質光澤，局
部灰皮有褐黃色沁痕，圓雕一方
印璽，鈕作龍鳳捲雲紋，邊飾浮
雕夔形雲紋。（358 文 / 蔡國樑）

230 / 364　　　　　　　P.068
西漢｜
白玉轉頸辟邪獸一對（腹部銘文）
右 高 6.1 公分 長 9.5 公分
　　寬 4 公分
左 高 5.9 公分 長 9.1 公分
　　寬 4.1 公分

和闐白玉，玉質瑩潤通透有玻璃
光，局部灰皮及淺褐色沁痕。體
呈圓雕辟邪獸一對，辟邪長頸長
吻，雙角後伏，長頸往後再折向
左、右前方，張口露齒，身側出
雙翼，花尾，四足肌肉結實，作
行走狀。工藝精湛，拋光精細，
為漢代圓雕玉辟邪難得一見的珍
品。兩隻避邪下腹刻有篆體銘文：
「物有本來，事有終始，知所先
後，則進到矣。」
（364 文 / 蔡國樑）

231 / 374　　　　　　　P.223
西漢｜白玉透雕龍鳳紋重環珮
直徑 7.2 公分

白玉，玉質通透，局部有淺褐色
沁及灰皮，玉環分內外層，內層
透雕一遊龍，外層透雕一鳳，鳳
鳥站立在遊龍伸出環外的前爪
上，回眸凝視遊龍，鳳首高冠和
鳳尾羽翎成捲雲紋。
（374 文 / 吳振仲）

232 / 378　　　　　　　P.067
西漢｜白玉幼熊
高 3.2 公分 長 5.2 公分

和闐白玉，乾坑，玉質溫潤，腹
部局部灰皮。體呈圓雕玉熊，體
態肥胖圓潤可愛，圓眼直視前方，
尖耳，四肢上方有火雲狀毛羽，
上下有通心穿，神情刻劃生動。
（378 文 / 鄭松林）

233 / 396　　　　　　P.021
西漢｜白玉透雕龍鳳紋出廓璧
高 9.9 公分 橫寬 8 公分

白玉，玉質通透，有油質光澤，扁平體，一面大部份沁呈褐紅色，另一面油潤光潔，紋飾分兩層，外層透雕子辰配與鳳鳥、瑞獸，內層璧孔內透雕鳳鳥，昂首挺胸，張口捲尾，作飛舞狀。(396 文 / 蔡國樑)

234 / 407　　　　　　P.227
西漢｜白玉龍虎螭三獸紋出廓璧
外徑 12.5 公分

白玉，玉質半透明有油質光澤，局部有淺褐色沁痕，扁平體，璧身為雙層紋飾，內層飾穀紋，外層琢龍、螭、虎三獸紋，璧上端透雕螭虎，兩側透雕變形鳳首紋。(407 文 / 蔡國樑)

235 / 410　　　　　　P.032
西漢｜白玉透雕龍紋出廓璧
外徑 9.5 公分 高 12.3 公分

白玉，玉質通透有蠟狀光澤，通體油潤光潔，扁平體，璧身飾龍首紋與捲雲紋，孔中鏤雕捲尾遊龍，龍身曲折，長尾翻捲。璧上端透雕螭虎，張口，露牙，捲尾，鬃鬣飄捲，回首凝望，立於璧緣，兩側透雕鳳首紋。
(410 文 / 蔡國樑)

236 / 411　　　　　　P.034
西漢｜白玉四靈紋出廓璧
外徑 12.6 公分 高 17.3 公分

白玉，玉質通透有蠟狀光澤，局部有淺褐色沁痕與灰皮，扁平體，璧身以紐絲紋區隔雙層紋飾，內層飾穀紋，外層琢四靈獸，璧上端透雕一龍一鳳一獸，龍張口露齒，昂首鼓腹，捲尾，立於璧緣，龍身飾鱗紋、竹節紋等，龍胸前立一鳳，龍尾跟隨一獸，作攀附狀。(411 文 / 蔡國樑)

237 / 412　　　　　　P.035
西漢｜青白玉辟邪獸
高 6.8 公分 長 9 公分

白玉，泛青，玉質通透泛玻璃光，局部淺褐色沁痕與灰皮，玉表附有些微硃砂。體呈圓雕辟邪，頭生雙角，張口露齒，如意鼻，兩腮出鬃毛，垂尾，四足粗壯有力，作行進間轉首凝視狀，造型生動，拋光精細。(412 文 / 蔡國樑)

238 / 300　　　　　　P.040
西漢｜白玉玄武
高 6.5 公分 長 10.4 公分

白玉，泛黃，半透明有蠟狀光澤，下腹部有多處受砂土沁蝕的蛀痕，圓雕龍龜，背負長蛇，即所稱的玄武，玄武為四靈獸之一，主管北方事務。(300 文 / 蔡國樑)

239 / 058　　　　　　P.230
漢代｜白玉圓雕臥鹿擺件一對
高 7.4 公分 長 12.5 公分

全器幾乎沁呈褐紅色，開窗處可見溫潤白玉質，局部灰皮與白色土斑。體呈圓雕臥鹿一對，四足前伸，大眼，凸吻，雙角雖過度粗大，但很有比例後彎，作左右回首休憩狀，構圖活潑生動。
(058 文 / 蔡國樑)

240 / 142　　　　　　P.011
漢代｜水晶圓雕辟邪獸
長 16 公分 高 12.5 公分

水晶質，半通透，表面多處佈滿鐵鏽沁斑，整塊白水晶圓雕而成，辟邪獸轉頭張口露齒，吐舌，大眼圓睜，身出雙翼，尾垂捲，似在側首咆嘯，氣勢威猛。
(142 文 / 謝傳斌)

241 / 302　　　　　　P.040
漢代｜白玉天祿 (鹿) 獸
高 3.1 公分 長 5.5 公分

白玉，玉質溫潤有油光，背部沁呈褐色、褐紅色。體呈圓雕獨角天祿，大眼，直鼻，張嘴露齒，四足抓地有力，作奮力行走狀。背部質料近玉皮，較易受沁，並有蛀孔，坑口屬於酸鹼性較重的砂水坑。(302 文 / 蔡國樑)

252 / 161　　　P.225
東漢｜白玉仙人騎獸
長 12.3 公分　高 6.1 公分

白玉，泛黃，玉質油潤通透，局
部灰皮與淺褐色沁痕，辟邪獸頭
出雙角，身出雙翼，昂首跨步前
進，背上騎一仙人，雙手緊握鬃
鬚，作欲奔躍狀，整體線條流暢，
頗具動感。（161 文／蔡國樑）

253 / 204　　　P.239
東漢｜白玉圓雕仙人奔鹿
長 12 公分　高 5.8 公分

白玉，微泛青，玉質油潤半透明，
局部淺褐色沁痕，鹿頭出雙觭
角，尖耳，閉口，四蹄強而有力，
昂首跨步作奔騰飛躍狀，背上騎
一仙人，頭戴尖帽，腳蹬短靴，
雙手緊握鹿角，作奔躍狀，整體
線條柔美，勁道十足。
（204 文／蔡國樑）

254 / 233　　　P.063
東漢｜青黃玉八刀珮蟬
長 6.7 公分

黃玉，微泛青，玉質油潤半透明，
局部有硃砂附著及灰皮，圓雕扁
平狀蟬體，中心稍厚，雙目外凸，
以斜刀及陰線分別琢出頭、胸、
腹、背及雙翅，造型簡樸，形象
典雅逼真。（233 文／蔡國樑）

255 / 353　　　P.237
東漢｜白玉雙螭紋環
外徑 12.9 公分

玉色已逐漸轉成秋葵色，玉質半
透，局部有褐紅色沁與鐵鏽沁
痕，透雕捲尾蟠螭紋，在螭尾上
另琢有小螭，構圖獨特，線條流
暢。（353 文／蔡國樑）

256 / 463　　　P.043
漢代至三國｜
白玉螭鈕「皇帝之璽」
高 5.5 公分　寬 5.8 公分
長 5.8 公分

白玉，泛黃，通體淺褐色沁痕，
並有褐紅色綹裂條紋，透光處可
見精美白玉質，穿雲螭鈕，螭張
口露齒，奮力爬出雲端，氣勢威
猛，印文為「皇帝之璽」。
（463 文／鄭偉華）

漢代之後

257 / 009　　　P.051
六朝｜白玉素面劍飾器
劍首 直徑 4 厚 1.4 公分
劍璏 橫長 5.4 厚 2 公分
劍璲 長 9.5 寬 2.3 公分
劍珌 高 3.4 寬 4.6 公分

四件均為白玉，微泛青，玉質通
透有油質光澤，四件均佈滿淺層
灰皮，光素無紋，整體線條犀利，
拋光精細。（009 文／蔡國樑）

258 / 303　　　P.049
宋代｜白玉血沁瑞獸
長 6.2 公分　高 3.8 公分

白玉，泛黃，玉質半透明，少部
份有點狀蛀孔。體呈圓雕瑞獸，
大眼，張嘴露齒，尾垂捲貼附於
後臀，獸身佈滿紅色絲狀沁痕，
即所謂的「血沁」，其實就是受
土中氧化鐵所沁。
（303 文／蔡國樑）

259 / 383B2　　　P.238
東漢 至 宋｜
青黃玉翁仲、工字璧
翁仲 高 3.5 公分
工字璧 高 2.7 公分

翁仲、工字璧，黃玉，微泛青，
局部灰皮，翁仲寬衣博袖，有上
下通心穿，工字璧形像「工」字
而得名，也有通心穿。
（383 文／蔡國樑）

260 / 383B3　　P.238

宋 至 明｜

青白玉翁仲、剛卯、司南珮

翁仲 高 3.4 公分

剛卯 高 2.7 公分

司南珮 高 3.5 公分

翁仲、剛卯皆為白玉質，局部有水銀沁，司南珮為青黃玉質，泛青，一端為小湯勺，另一端為小盤。(383 文 / 蔡國樑)

261 / 102　　P.061

遼金｜白玉鱖魚墜飾

長 6.6 公分

整體幾乎沁呈褐色、褐黑色，開窗處明顯為白玉，玉質油潤。透雕一鱖魚，大頭闊嘴，魚唇上頭頂一水草，水草自然向後飄動，視覺上魚似在水中悠游，動感十足。(102 文 / 謝傳斌)

262 / 440　　P.048

唐代｜白玉釘金沁走龍紋髮束

高 3.2 公分

白玉，玉質油潤半透明，大部份有褐色、褐黑色釘金沁痕，短圓管形，兩端平齊，器表淺浮雕遊龍噴水，是典型唐代風格。

(440 文 / 蔡國樑)

263 / 462　　P.053

宋代｜火劫玉饕餮紋帶扣

長 8.2 公分 高 3.3 公分

灰色玉，玉質不辨，帶環局部呈褐黑色，帶鉤伴有牛毛紋，鉤首浮雕獸頭，鉤、環表面均淺浮雕牛角獸面紋，背部有圓鈕。

(462 文 / 蔡國樑)

264 / 307　　P.078

元代｜白玉海東青擊鵠大帶扣

長 16.8 公分

白玉，玉質油潤半透明，局部有灰皮。一組兩件，一鉤一環，鉤、環表面均以高浮雕鏤刻海東青擊鵠，海東青即鶻，鵠即天鵝，史載捕天鵝時放海東青追捕，身形較小的鶻會抓住鵝頭，迫其降下，再由獵犬擒捉。這種精細刻劃鶻擒天鵝的瞬間動態，流行於遼、金、元時期。

(307 文 / 蔡國樑)

參考資料

1.	故宮文物月刊	國立故宮博物院出版組
2.	古玉新詮	國立故宮博物院出版組
3.	古玉辨	藝術圖書公司
4.	中國玉器全集	河北美術出版社
5.	玉器	商務印書館
6.	關氏所藏中國古玉	香港中文大學文物館
7.	南越王墓玉器	廣西南越王墓博物館
		香港中文大學文物館
8.	中國肖生玉雕	香港藝術館
		香港市政局
9.	周原玉器	中華文物學會
10.	古玉精英	台灣中華書局股份有限公司
11.	東周吳楚玉器	藝術圖書公司
12.	中國古玉研究論文集續集	文物出版社
		眾志美術出版社
13.	古玉鑑裁	國泰美術館
14.	良渚文化玉器	文物出版社
		兩木出版社
15.	玉文化論叢 6	眾志美術出版社
16.	中國古代玉器	上海人民出版社

國家圖書館出版品預行編目

古玉匯觀 / 蔡國樑主編. -- 臺北市：中華文物
　收藏學會, 2020.10
　　面；　公分
　ISBN 978-986-90896-2-3(平裝)

　1. 古玉　2. 玉器　3. 蒐藏

794.4　　　　　　　　　　　　109015678

古玉匯觀

顧　　問　蔡國樑
攝　　影　鄭偉華
校　　稿　廖元滄、蔡國樑
裝幀設計　蔡彥迪
發 行 人　蔡國樑
出版策劃　中華文物收藏學會
　　　　　116 台北市文山區汀州路四段207號7樓
　　　　　電話：+886-2-2325-2286
製作銷售　秀威資訊科技股份有限公司
　　　　　114 台北市內湖區瑞光路76巷69號2樓
　　　　　電話：+886-2-2796-3638
　　　　　傳真：+886-2-2796-1377
網路訂購　秀威書店：http://store.showwe.tw
　　　　　博客來網路書店：http://www.books.com.tw
　　　　　三民網路書店：http://www.m.sanmin.com.tw
　　　　　金石堂網路書店：http://www.kingstone.com.tw
　　　　　讀冊生活：http://www.taaze.tw

出版日期：2020年10月
定　　價：新台幣1500元

版權所有・翻印必究　All Rights Reserved

Printed in Taiwan